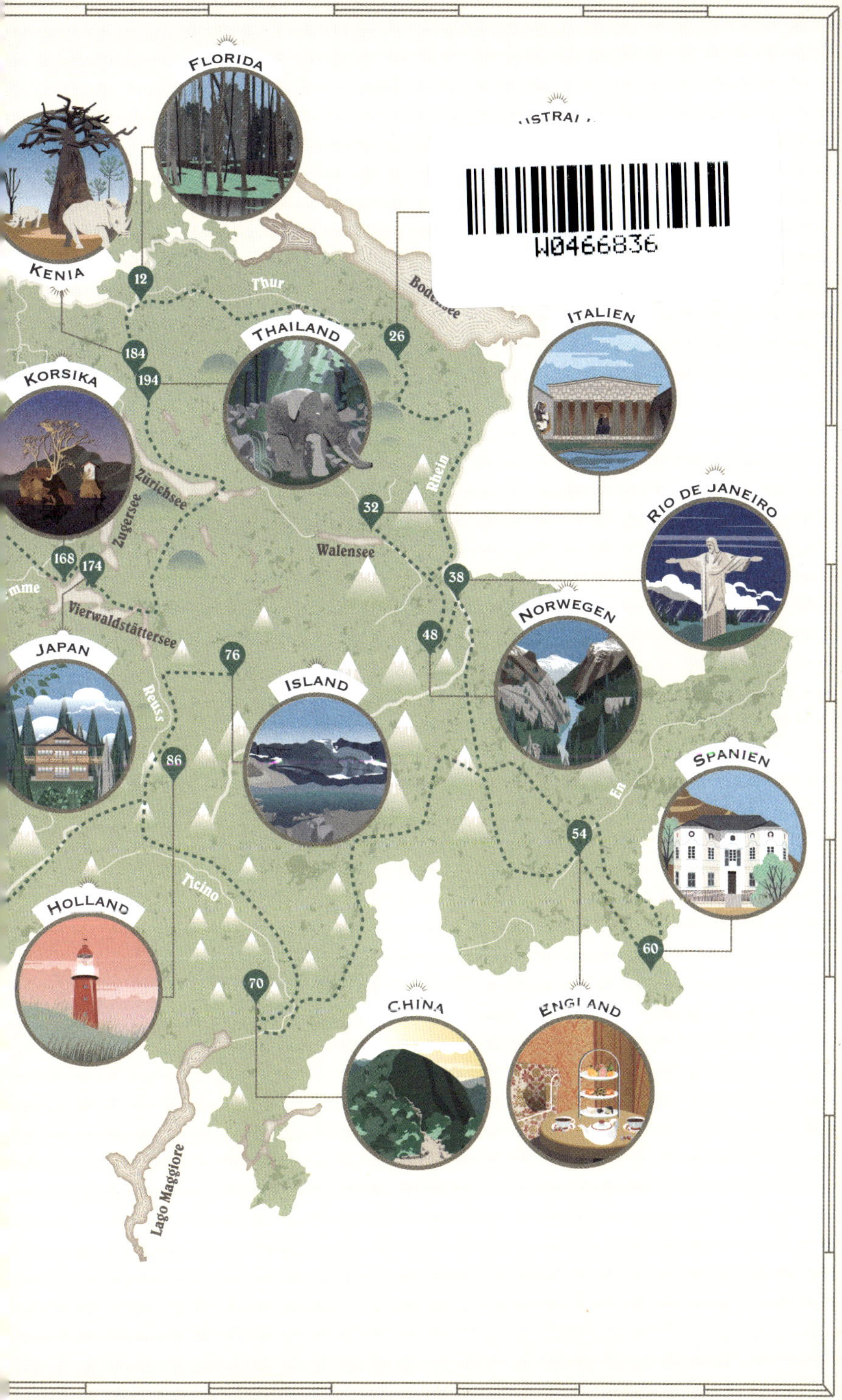
FLORIDA
KENIA
THAILAND
ITALIEN
KORSIKA
RIO DE JANEIRO
NORWEGEN
JAPAN
ISLAND
SPANIEN
HOLLAND
CHINA
ENGLAND
Thur
Bodensee
Rhein
Zürichsee
Zugersee
Walensee
Vierwaldstättersee
Reuss
Ticino
En
Lago Maggiore
12
26
184
194
32
38
48
168
174
76
86
54
60
70

IN 80 STUNDEN UM DIE WELT

IN 80 STUNDEN UM DIE WELT

Eine Weltreise durch die Schweiz

TRANSHELVETICA

Vorwort

Jon Bollmann – Herausgeber Transhelvetica

Wir bleiben hier: zuhause in der Schweiz. Denn hier ist Komfortzone und das Ende der Welt beginnt erst an der Landesgrenze. Doch so lieb uns Transhelvetien auch ist, so gerne schauen wir auch in die Ferne. Denn ohne die Lebenslust des Südens, das schlichte Design aus dem Norden, die ruhebringenden Philosophien des Osten und die knisternde Erotik aus dem Westen wäre es im Réduit solide farblos. Darum befassen wir uns gerne lustvoll mit den Eigenarten anderer Kulturen, um das Leben im Binnenland mit Farben und Düften der grossen weiten Welt zu bereichern.

Unser Freund und Autor Ralf Schlatter ist dazu in die Fussstapfen von Phileas Fogg getreten und hat zusammen mit seiner Frau Ruth «Passepartout» Grünenfelder in nur 13 Tagen die globalen Höhepunkte der Schweiz besucht. Ihre Abenteuer hat die Redaktion von Transhelvetica mit Hintergründen und Zusatzinformationen ergänzt, um den Lesern des Reisemagazins auch bei geschlossenen Grenzen ein vergnügliches Eintauchen in neue Welten zu erleichtern.

Das Heft zur Kopfreise war enorm erfolgreich und hat sowohl Fernwehpatienten als auch Stempeljägerinnen zu unterhaltsamen Expeditionen quer durch Transhelvetien inspiriert. Wegen grosser Nachfrage und Ausverkauf wurde das Magazin in Buchform nachgedruckt.

Inhalt

Prolog	11	
Florida	12	Marthalen
Australien	26	Bernhardzell
Rom	32	Walenstadt
Rio de Janeiro	38	Pfäfers
Norwegen	48	Sankt Martin
England	54	St. Moritz
Spanien	60	Valposchiavo
China	70	Locarno
Island	76	Urnerboden
Holland	86	Oberalppass
Griechenland	94	Val d'Hérens
San Francisco	100	Val d'Anniviers
Argentinien	106	Lenk
Russland	112	Genf
Hawaii	122	Croy
Sansibar	128	Estavayer
Panama	134	Canal de la Broye
Gibraltar	144	Saignelégier
Camargue	150	Bellelay
Schottland	156	Réclère
Indien	162	Basel
Korsika	168	Meggen
Japan	174	Rigi
Kenia	184	Zürich
Thailand	194	Witikon
	200	Epilog

Prolog

Ralf Schlatter

Sie ist sogar sehr wohl möglich», antwortete Mr. Fogg. «Nun denn, so beweisen Sie uns das!» – «Was? Dass eine Reise um die Erde in achtzig Tagen möglich ist?» – «Genau das.» – «Das mache ich ohne weiteres.» – «Wann?» – «Jetzt. Sofort.» Ich klappe das Buch zu. «Jules Verne und seine 80 Tage», sage ich. «Pff.» Passepartout zwinkert mir zu. Wir sind uns einig: «Zwei Wochen! 80 Seiten! In zwei Wochen!» Der Redaktion fällt kollektiv der Kiefer runter. «Wetten wir?», sage ich. Wir wetten. Zwei Wochen für die Reise um die Welt. «Auch wenn Hindus oder Indianer die Schienen aufreissen, die Züge anhalten, die Postwagen plündern und die Reisenden skalpieren, auch dann?», fragte Phileas Foggs Whist-Partner im Reform-Club in London. «Es gilt!», sagte Mr. Fogg, und setzte die Hälfte seines Vermögens, 20 000 Pfund. Ich setze meinen Zylinder. Ein Erbstück. Bestimmt die Hälfte irgendeines Vermögens wert. Die Redaktion nickt. Und setzt das Kanu dagegen, das bei ihnen an der Decke hängt. Hand drauf. Wir sitzen schon im Camper, als Passepartout ruft: «Und ich wette, dass ich 100 verschiedene Vogelarten sehe!» Ihre Augen glänzen. Ich verdrehe die meinigen. Passepartout und ihre Vögel. Ich sage nichts. Immerhin ist sie diejenige, die fährt. «Und?», sagt sie. «Wo geht's als erstes hin?». Ich werfe einen kurzen Blick auf die Karte. «Florida.» – «Florida?! Warum zum Henker zuerst nach Florida?» – «Warum nicht», sage ich, so kühl und abgebrüht, wie Phileas Fogg nur sein kann. «Und jetzt starte bitte den Motor, Passepartout. Wir haben weiss Gott keine Zeit zu verlieren.»

Etappe 1

Florida

Sumpfgebiet in Farbe:
Die Everglades bei Marthalen.

BILD – Jürg Alean

Marthalen

Die schwarzweissen Everglades

Unser Camper hat noch nicht einmal Bülach passiert, als Passepartout einen fürchterlichen Schrei ausstösst. «Es ist ... in meiner Eile ... ich habe ... o Gott ... ich habe vergessen ...» – «Was denn?» – « ... vergessen, den Gashahn in meinem Zimmer abzudrehen!» Ich erbleiche. Sie grinst und sagt, sie versuche nur, sich ihrerseits in die Rolle einzuleben. Das kann ja heiter werden. Wenig später stehen wir in den Everglades. Es regnet. Passepartout entdeckt ein Teichhuhn. «Siehst du seine rote Stirn und Schnabelbasis?», sagt sie. Ich schaue durch ihren Feldstecher und reibe mir die Augen. Ich schaue noch einmal. Alle Farben sind auf einmal verschwunden. Alles schwarzweiss. Wir hören Stimmen und Ruderschläge. Von rechts kommen in einem alten Boot John Lurie, Tom Waits und Roberto Benigni durch den Sumpf gepaddelt. Down by law! Ich fange an, Tom Waits zu singen. «You're innocent, when you dream». Langsam verschwindet das Boot aus dem Bild. Die Farben kehren zurück. Das Teichhuhn ist schon längst verschwunden. «I scream, you scream, we all scream for ice cream!», skandieren wir gemeinsam in der Bäckerei Gut in Marthalen. Die Verkäuferin schaut uns leicht entgeistert an. Als wir aus der Bäckerei treten, wird noch einmal alles schwarzweiss. Von links kommt ein Velofahrer ins Bild, mit wollenem Trikot, Hakennase und Lederhelm. «Ferdy Kübler!», ruft Passepartout. Ich hebe unmerklich die Augenbrauen. «Wer denn sonst», sage ich, «der kam hier zur Welt. Apropos Welt. Ich bitte höflich darum, weiterzufahren.» – «Wohin?» – «Australien.» – «Australien?!»

Die Königsdisziplin: Eine Biberburg entsteht meist dort, wo es genügend Platz hat.

BILD — Dominic Tinner

Ein Königreich für den Biber

Text – Michèle Fröhlich

Der Biber kam, sah und siegte. Im Wald von Marthalen darf der Baumeister für die nächsten fünfzig Jahre seine Umgebung so gestalten, wie es ihm gefällt. Auf Streifzug am Bibersee.

Als der Biber vor zwölf Jahren in Marthalen ankam, schlängelte sich ein schmaler Bach quer durch den Niederholz-Wald. Und Bäume hatte es, so weit das Auge reichte. Wäre er ein Mensch, hätte er sich triumphierend die Hände gerieben: Das Paradies lag ihm zu Füssen.

Als wir an einem schwülen Abend im Mai am Bibersee ankommen, liegt vor uns ein Stück Wildnis. Und Bäume liegen wie Mikadostäbe kreuz und quer, einige hundert Stämme ragen kahl in den Himmel. Es grünt aus allen Löchern, so dass der See nicht zu sehen ist. Philip Taxböck steht die Freude ins Gesicht geschrieben und seine Aussage: «Da hat er ganze Arbeit geleistet!», klingt überrascht und gleichzeitig ist sie mit Stolz erfüllt. Denn sie hätte grad so gut auf ihn zugetroffen.

Philip tauchte fast zeitgleich mit dem Biber auf der Bildfläche auf. Der Biologe, jung und neu bei der Naturschutzorganisation Pro Natura, kam damals nach Marthalen, um zwischen dem Nager und den Behörden zu vermitteln. Heute sind wir mit ihm auf Streifzug durchs Gebiet, wollen mehr über das Tier, seine Umgebung und das erfolgreiche Projekt erfahren.

DIE SUCHE NACH EINEM ZUHAUSE

Wir befinden uns an der Brücke neben dem kleinen Weiher im nördlichen Teil des Waldes. Dort, wo sich der Biber vom Bach aus ins Ufer grub, um sein neues Zuhause zu bauen.

Philip, wieso baut der Biber den Eingang im Wasser?
«Damit kein Feind in seinen Bau eindringen kann. Es gibt aber ein zweites Loch, das Luftloch. Bei kalten Temperaturen steigt daraus warme Luft wie aus einem rauchenden Kamin. Zudem können Löcher in der Decke des Baus entstehen, diese stopft er mit Zweigen, so dass manchmal grosse Asthaufen entstehen.»

Baut der Biber sein Haus alleine?
«Er geht erst auf Partnersuche, wenn er sein eigenes Heim gebaut hat. In einer Biberfamilie leben immer die Eltern und eine erste und zweite Generation Jungtiere. Im Schnitt sind das fünf Biber. Kommt die dritte Generation zur Welt, muss die erste den Bau verlassen und sich ein neues Revier suchen.»

Und wieso hat er diesen Ort hier ausgewählt?
«Ein Biber bleibt dort, wo er genügend Nahrung findet, wenn möglich in unmittelbarer Ufernähe. Am liebsten entfernt er sich nicht mehr als zehn Meter vom Wasser, denn an Land ist er nicht sehr flink. Im Niederholz ist er im Schlaraffenland gelandet.»

Biber sind Vegetarier. Auf ihrem Speiseplan stehen im Sommer vor allem Pflanzen wie Brennnesseln und Klee und im Winter Rinde von Weichhölzern wie Weiden und Pappeln. Deshalb fällen sie auch mehr Bäume in den Winter- als in den Sommermonaten.

Der Waldweg führt dem rechten Ufer entlang Richtung Süden. Ein schmaler Trampelpfad zweigt ins Dickicht hinein. «Ha, eine frisch gefällte Eiche», sagt Philip Taxböck ein bisschen überrascht. Eichen sind Harthölzer und normalerweise nicht Bibers Vorliebe. Während wir mit den Fingerspitzen die Nagespuren auf dem kegelförmigen Baumstrunk ertasten, wünschen wir uns, ein oder zwei Nächte vorher da gewesen zu sein, um dem ungefähr Meter grossen Baumeister – inklusive dreissig Zentimeter langem Schwanz versteht sich – bei der Arbeit zuzusehen und uns vor allem zu überzeugen, ob die orangen Zähne auch tatsächlich so orange leuchten wie auf all den Bildern. Ein Mückenschwarm holt uns zurück in die Auenlandschaft. Gebückt geht's durchs Gebüsch dem Wasser entlang.

ALS DER BIBER VERSCHWAND

Vor zwölf Jahren standen hier zig stolze Eichen. Das Gebiet war zur Förderung der Eiche und damit den Mittelspecht bestimmt, aber auch für die Ernte des Holzes. Als nur noch wenig Wasser vom Mederbach in die Thur floss, läuteten deshalb die Alarmglocken bei der Gemeinde. Der Biber kam ziemlich ungelegen – wie so oft. Seine Dämme führen manchmal zur Überschwemmung ganzer Landwirtschaftsgebiete und seine Höhlen können Infrastrukturen, wie Strassen gefährden.

Dieser Umstand war aber nicht die Ursache für sein Verschwinden zu Beginn des 20. Jahrhunderts. Damals wurde er wegen seines Fleisches gejagt. Sogar die katholische Kirche war hinter dem kleinen Kerlchen her. Denn zur Fastenzeit durfte man ihn verspeisen. Ob es Scharfsinnigkeit oder tatsächlich die Unwissenheit der Mönche war, den Biber seines Schwanzes wegen als Fisch zu bezeichnen, bleibt wohl ein Geheimnis.

Nicht nur sein Fleisch, auch seinen Pelz und sein Drüsensekret waren wertvoll. Letzteres, das sogenannte Bibergeil, das ihm zur Reviermarkierung dient, galt als Wundermittel. All dies führte dazu, dass der Biber in unserem Land als ausgerottet galt. In den 1960er-Jahren wurde er in der West- und Ostschweiz wieder ausgesetzt. Heute leben fast 3000 Biber in der Schweiz.

Gibt es in der Schweiz genug Platz für so viele Biber?
«Eine Überpopulation kann es nicht geben, Biber regulieren sich von selbst. Hat es wenig Platz, gibt es härtere, tödliche Kämpfe und weniger Nachwuchs.»

Solche Gebiete wie hier in Marthalen sind aber rar?
«Tatsächlich sind alle schönen und grossen Gewässer bereits vom Biber besetzt und es gibt viele naturferne Gewässer, wo er wegen des Betons nicht bauen kann. Einige werden zwar renaturiert, leider aber nicht viele. Diese langwierigen Prozesse mit grossen Widerständen sind eine Mission von Pro Natura. Im Moment weichen Biber auf Seitengewässer aus und sorgen ab und an für Überraschungen. Wenn sie sich beispielsweise in Kanalisationen einnisten oder unter dem Bahnhof, wie es in Kreuzlingen geschah.»

Dort können sie dann aber nicht bleiben?
«Nur wenn massive Gefährdungen von Infrastrukturen oder Leib und Leben bestehen, kann der Kanton beim Bundesamt für Umwelt eine Bewilligung zum Abschuss beantragen. Der Biber ist geschützt. Ausserdem nützt es meistens nichts, wenn man ihn umsiedelt oder tötet, weil bald darauf ein anderer kommt. Und wird der Damm weg-

Bild – KEYSTONE/Jan Ryser

Ein Biberdamm im Marthaler Mederbach: Der steigende Wasserpegel setzt den Eingang zum Bau unter Wasser, was den Biber vor seinen Feinden schützt.

geräumt, baut er in der nächsten Nacht einen neuen. Vielmehr suchen wir das Gespräch mit den Betroffenen. In Kreuzlingen ist der Biber dann von alleine wieder gegangen, er hat wohl gemerkt, dass die Lage nicht optimal war.»

DER BAUMEISTER FÜR ANDERE

Auch in Marthalen suchte Philip Taxböck das Gespräch. Er hörte sich die Bedenken an, machte Führungen, klärte auf. Es dauerte drei Jahre, bis der Kanton Zürich, die Gemeinde Marthalen und Pro Natura gemeinsam einen Waldreservatsvertrag für fünfzig Jahre unterzeichneten. In dieser Zeit darf keine Forstwirtschaft mehr betrieben werden. Heute ist der Bibersee ein Vorzeigemodell.

«Ein Silberreiher», ruft Philip Taxböck einmal mehr mit ansteckender Freude. Schneeweiss und mit ein paar wenigen Flügelschlägen fliegt er zwischen den abgestorbenen Baumstämmen hindurch und kommt auf einem der Äste zur Ruhe. Hinter dem Busch fängt es an aufgeregt zu quaken, wir hören zu. Ein paar Enten fliegen schwerfällig und mit Geschnatter aus dem Wasser. Der Kuckuck ruft. Und die Gebänderte Prachtlibelle setzt sich leise auf einen Grashalm. Auch wenn der Biber auf den ersten Blick einiges zerstört, schafft er auch viel Neues. So sterben zwar durch die Überflutung viele Bäume ab, das Totholz dient aber gleichzeitig Tieren zum Unterschlupf oder zur Nahrung. Wo früher beispielsweise zwei bis drei Libellenarten lebten, sind es heute zwanzig. Hat es mehr Insekten, kommen Fisch und Vogel. Diese wiederum ziehen grössere Lebewesen an. Und auf einmal hat der Biber ein ganzes Ökosystem geschaffen, das sich durch seine Dynamik auszeichnet.

DIE KÖNIGSDISZIPLIN

Nur den Baumeister selbst kriegen wir nicht zu Gesicht. Auch dann nicht, als wir auf einem gefällten Baumstamm ins Wasser hinaus balancieren und die Biberburg entdecken. Sie ersetzt den Uferbau, den wir zu Beginn des Streifzuges gesehen haben. Hier hat er sich eine Insel im Wasser geschaffen und eine ganze Familie untergebracht.

Was macht die Biberburg aus?
«Sie ist die Königsdisziplin. In der Burg ist der Biber vor jeglichen Feinden geschützt.»

Würde er angreifen, wenn wir jetzt ins Wasser fallen?
«Kaum. Ich bin schon einem Biber an Land gefolgt, ab und an schaute

er zurück, ansonsten war ich ihm gleichgültig. Ich würde nur nicht zu nah an den Bau heranschwimmen, vor allem jetzt, wenn die Jungen noch klein sind.»

Wie kommt der Biber im Winter von der Biberburg zu seiner Nahrung?
«Bei einem gefrorenen See schlägt er täglich an derselben Stelle ein Loch, um ans Ufer zu kommen. Und er hat ein Nahrungsfloss im Wasser. So muss er nicht gross aus dem Bau und da die Äste im Wasser liegen, bleiben sie länger frisch, wie in einem Kühlschrank.»

Nach der Biberburg ist der Trampelpfad verschwunden. Wir gehen auf den Waldweg zurück, ans andere Ende des Sees und versuchen es von jener Seite. Denn ein zentrales Stück des Biberwerks fehlt noch: der Damm. Und wir gehen keine fünfzig Meter, bis wir auf einen kleinen Damm treffen. «Der ist auch neu», sagt Philip. Wir sind nicht mehr überrascht, kaum etwas ist so, wie vor zwölf Jahren, Philip freut's. Gleich dahinter ist auch der grosse Damm zu sehen, mit dem alles begann. Der Damm, der zehn Hektaren Wald unter Wasser stellte, der unzähligen Lebewesen ein Zuhause gab und der Marthalen zum Königreich des Bibers machte. Eine Geschichte, an die Philip vielleicht nicht täglich denken muss, aber die ihn bei jedem Besuch daran erinnert, dass er einen grossen Teil zu ihrem Erfolg beigetragen hat.

Biber können für die Konstruktion ihrer Bauten Bäume von bis zu 80 cm Stammdurchmesser fällen. Mit den Zähnen.

BILD: KEYSTONE/PICTURE ALLIANCE/Blickwinkel/F. Herrmann

Bei den Alligatoren in Marthalen

Wenn die Sonne langsam hinter den Bäumen verschwindet und die Riesen lange Schatten in den Wald bei Marthalen im Zürcher Weinland werfen, dann tauchen sie leise aus dem Wasser auf. Sie halten Ausschau nach ihrem nächsten Opfer, das sie mit ein paar Bissen zu Fall bringen werden. Die Alligatoren von Marthalen sind für den Menschen kaum gefährlich, für Bäume aber schon. Denn Biber lieben es, sie zu fällen und mit ihnen die Umgebung zu gestalten. Hier im Waldgebiet Niederholz waren sie besonders kreativ.

Als vor über zehn Jahren plötzlich weniger Wasser in die Thur floss, war klar: der Mederbach muss vom Biber erobert worden sein. Durch seinen Staudamm hat er ein mittlerweile zehn Hektare grosses Waldstück zum Sumpfgebiet gemacht – was eigentlich nichts im Vergleich zum gut 6000 Mal grösseren Everglades Nationalpark in Florida ist, und doch erinnern die kahlen Baumstämme im Wasser und der Teppich aus Wasserlinsen ans Landschaftsbild im US-Bundesstaat.

Wie der Nationalpark ist auch das Gebiet im Marthaler Niederholz-Wald geschützt. Denn statt den Biber wieder zu vertreiben, schlossen Kanton, Gemeinde und Pro Natura einen Waldreservatsvertrag über fünfzig Jahre ab. In dieser Zeit ist keine Forstwirtschaft mehr erlaubt. Mit dem Vertrag wurde nicht nur der Biber geschützt, sondern auch viele weitere Lebewesen. Binsenjungfer, Pirol, Gelbbauchunke, Grauspecht und Dornschrecke sind nur ein paar wenige Beispiele der Tierarten, die alleine in den vergangenen Jahren an den Bibersee gezogen sind. Sie sind Zeichen einer in der Tierwelt einzigartigen Eigenschaft des Bibers: Er gestaltet seinen Lebensraum, auch zum Wohl anderer, oft bedrohter Tiere und Pflanzen.

36 Stunden rund um Marthalen

Reisevorbereitung: Mit dem Buch «Swamplandia» von Karen Russell ins Sumpfgebiet eintauchen. Mückenspray nicht vergessen!

① **Süss:** Orangen wachsen hier leider nicht an den Bäumen, dafür gibt es fruchtige Glacé in der Konditorei Gut in Marthalen.

② **Everglades:** Von Marthalen geht's zu Fuss in einer guten halben Stunde zum Bibersee.

③ **Haie:** kommen im Restaurant Schiff in Ellikon am Rhein nicht auf den Tisch, dafür Zander und Egli.

④ **Sumpfboot:** Das Züri-Rhy-Schiff fährt von Ellikon nach Rüdlingen.

⑤ **Bungalow:** Übernachtet wird auf dem Campingplatz in Flaach direkt am schönen Rhein (inklusive Pool ohne Krokodile), den Burger gibt's bei Rübis & Stübis.

⑥ **Parkzentrum:** Sich im Besucherzentrum über die Thurauen informieren, dem Uferweg folgen (ca. 1 Std.) und dann geht's auf den Erlebnisweg.

Anzahl Zähne
Alligator: 74–80
Biber: 20

Reisebegleiter

ROADTRIP

Eine Reise durch den Bundesstaat Florida kann nur mit einem stilvollen Fahrzeug angetreten werden. Zum Beispiel mit einem weissen Cadillac Sixty von Roger Bischof aus Winterthur. Er und viele weitere American-Car-Liebhaber in der Schweiz geben ihre Bijous ab und an in fremde Hände – aber bitte genauso liebevoll fahren, wie sie auch gehegt und gepflegt werden.

PLAYLIST

Wenn aus den Lautsprechern der Soundtrack der US-amerikanischen Serie «Miami Vice» ertönt, schlüpft man sofort in die Rolle des verdeckten Ermittlers. Fur Beachclub-Feeling sorgt Will Smiths «Miami». Und mit dem Sound der berühmten Florida-Bands Lynyrd Skynyrd («Sweet Home Alabama») und Tom Petty and the Heartbreakers «Free fallin» ist man dann ganz im Florida Summer angekommen.

S'MORES

Wer unterwegs auf eine Feuerstelle trifft, der sollte einen kurzen Halt einlegen und das süsse Keks-Sandwich «S'Mores» zubereiten. Es besteht aus lediglich drei Zutaten: Schokolade und geröstete Marshmallows werden zwischen zwei Guetzli gelegt, fertig! In den USA wurde dem Snack gar ein ganzer Tag gewidmet, der 10. August.

DRIVE-IN

Mit dem Auto ins Kino ist auch in Thun, Dietlikon, Hinwil oder Pratteln möglich und vielleicht flimmert bei einem der Autokinos gar «The Florida Project» oder «Magic Mike» über die Leinwand.

Immigration

Abstempeln bei:
Naturzentrum Thurauen
in Flaach.

Etappe 2

Australien

Geheim: Was der Australier von Bernhardzell wohl im Beutel trägt?

Bild – Sandra Ardizzone

Bernhardzell

Das hüpfende Schlitzohr

Die Fahrt von Florida nach Australien dauert nur gerade eine Stunde. «Weisst du, mein lieber Passepartout, was Kängurus in Wahrheit in ihrem Beutel haben?» Sie schüttelt den Kopf. «Schnaps!» – «Schnaps?!» – «Wollen wir wetten?» Doch Passepartout ist bereits aus dem Camper gehüpft und hüpft jetzt hinter einem Känguru her. Das Känguru hüpft natürlich besser als Passepartout. Sie lässt sich aber nicht beirren, und die beiden verschwinden hüpfend in den Weiten des australischen Outbacks. Ich frage unterdessen den Vogel Strauss, wie es so ist, den Kopf in den Sand zu stecken. Er verdreht die Augen. Das sei ihm schon lang zu blöd geworden, sagt er, die Bräutigame würden ihm dauernd die Show stehlen. Ich schaue ihn fragend an. Hier gäbe es ständig Hochzeiten, sagt er. Und bei ungefähr jeder zweiten, da stecke der Bräutigam den Kopf in den Sand. Eigentlich sei es höchste Zeit, das Weite zu suchen. Spricht's und verschwindet ebenfalls in den Weiten des australischen Outbacks. Jemand tippt mir von hinten auf die Schulter. Ich fahre erschrocken herum. Da steht Passepartout, mit roten Wangen – und einer Flasche Holunderlikör. Ich bin platt. «Wie um alles in der Welt?» Sie grinst nur. Abends, am Rheinspitz, am Ende der Welt, hüpft sie den Vögeln nach. Sie hört Teichrohrsänger, Klappergrasmücken und von jenseits der Grenze einen Pirol. Ich nehme den Holunderlikör in die Hand. Darauf klebt noch das Preisschild vom Känguruhofladen. Ach, Passepartout! Das grösste Schlitzohr seit Crocodile Dundee. Ich nehme einen kräftigen Schluck und klappe das Dach hoch.

Kängurus krabbeln im Alter von ungefähr 1 Monat in den Beutel, den sie erst nach einem halben Jahr erstmals verlassen.

BILD – KEYSTONE/Georgios Kefalas

Im Outback

Als James Cook im April 1770 die Ostküste Australiens entdeckte, sichteten er und die Botaniker, die ihn auf seiner Mission begleiteten, an Land verblüfft «riesige Hasen». Der dort ansässige Aborigines-Stamm nannte sie «kangaroos». Auch in Bernhardzell, zwischen grünen Feldern, lauschigen Wäldern und sanften Hügeln, lebt das Nationaltier Australiens. Denn dort liegt ein Känguruhof, auf dem neun muntere Bennet-Wallabys zu Hause sind. Sie gehören zur Familie der Kängurus, sind aber etwas kleiner als die grauen Riesenkängurus, die Cook gesichtet hatte. Die Exoten mögen offene Graslandschaften und fühlen sich hier pudelwohl. Zu Besuchszeiten kann man die neugierigen Kerlchen beim Spielen und Fressen beobachten. Betrieben wird der Hof von Stefan und Tamara Krapf. Die Philosophie der beiden: Mensch, Tier und Natur sollen in Einklang miteinander leben. Nebst den Wallabys tummeln sich auf dem Hof auch Strausse, Rinder, Honigbienen, Enten, Wachteln und der Ochse Henry friedlich nebeneinander.

Die Natur – die war schon den Ureinwohner Australiens heilig. Sie verehrten keine Götter, sondern ihre Umgebung – spezielle Felsen, Quellen oder auch Bäume. In Bernhardzell war die Jahrhunderte alte Eiche, die nun wie ein ruhender Pol mitten im Dorfkern steht, ein besonderer Kultort. Sie soll den Menschen Schutz und Fruchtbarkeit gebracht haben. Noch heute gilt sie als spezieller Kraftort.

Etwas weiter von hier, an den herrlich wilden Ufern mit Sandbänken und Auenlandschaften der nahegelegenen Sitter, die sich in vielen Windungen an Bernhardzell vorbeischlängelt, braucht es gar nicht viel Fantasie, um sich vorstellen zu können, man befinde sich gerade im australischen Kakadu National Park.

24 Stunden rund um Bischofszell

❶ **Känguruhof:** Der australische Tag beginnt mit einem Besuch auf der Känguruhof. Im Hofladen gibt es Angus Beef, Straussenfleisch und Eingemachtes als Proviant für unterwegs.
❷ **Dorfeiche:** Unter den ausladenden Ästen dieses Kraftbaumes Energie für den Tag tanken.
❸ **Wannenbrücke:** Vom Dorf zur Sitter hinunter und über eine historische gedeckte Brücke wandern.
❹ **BBQ:** In einer Flusswindung findet sich am wilden, naturbelassenen Flussufer eine schöne Grill-stelle für ein echtes Aussie-BBQ. Auch baden kann man hier – ohne Angst vor Krokodilen.
❺ **Ruine Alt Ramschwag:** Auf dem Sitterstrandweg weiter Richtung Nordwesten bis zu einer Burgruine aus dem 12. Jahrhundert, die auf einem steilen Felsen thront.
❻ **Tierwelt:** Im Walter Zoo sind noch ein paar weitere Australier – Emus etwa – zu Hause.

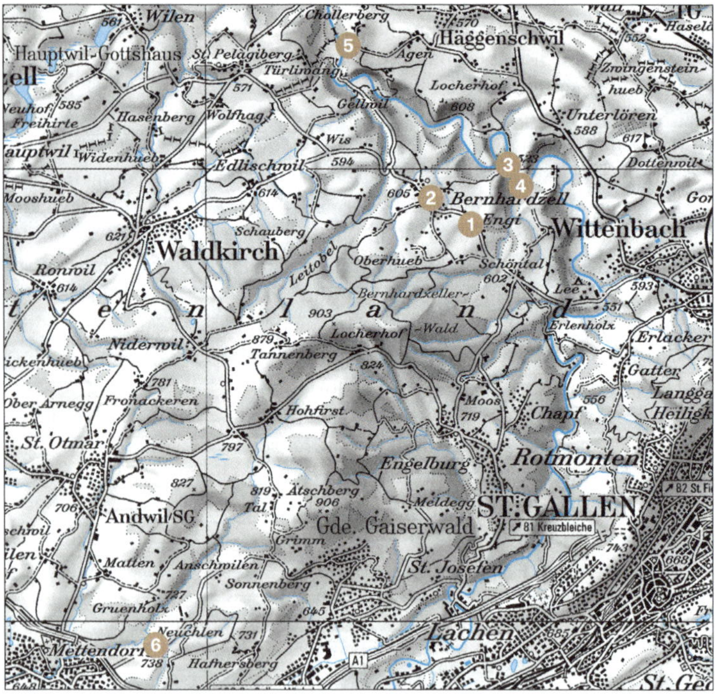

KARTE – © swisstopo (JM190029)

Geschwindigkeit
Känguru: Bis 55 km/h
Rothirsch: Bis 67 km/h

Reisebegleiter

MUSIK

Für gute Stimmung und aufsteigende Abenteuerlust sorgt der 80er-Jahre Hit «Down under» der australischen Rockband Men at Work. Wer lieber Lagerfeuer-Stimmung mag, hört die Musik der australischen Singer-Songwriter Geschwister Angus & Julia Stone.

KUNST

Die wunderbaren Werke der Malerin und Weberin Mavis Ngallametta entstanden mit Ocker und Kohle auf Leinwand wörtlich aus der Erde ihrer Heimat. Sie zeigen Sümpfe und Küstenlinien rund um ihren Heimatort Aurukun. Die Gemälde wirken ab-strakt, die Technik erinnert aber auch an den traditionellen Dot-Painting-Stil der Aborigines.

BOOMERANG

Der Boomerang war die Jagdwaffe der Aborigines, diente aber auch kulturellen und sportlichen wecken. Heute ist er ein weltweit bekanntes Sportgerät und lässt sich auch hierzulande finden. Also: Auf Youtube unbedingt Videos anschauen, wie man diese Dinger richtig wirft, und los!

PROVIANT

Australier sind Bierbrauer, zum Proviant gehört also ein australisches Draft-Beer. Ostschweizer Variante: Appenzeller Ginger Beer. Und was machen die Australier aus dem beim Bierbrauen übrig gebliebenen Hefeextrakt? Vegemite, einen braunen und salzigen Brotaufstrich. Im 2. Weltkrieg wurde er den Soldaten in ihr Verpflegungspaket getan und wurde so zu einem patriotischen Symbol – passt zu Toast und Käse und ist reich an Vitamin B.

Immigration

Abstempeln bei:
Känguruhof
in BERNHARDZELL

Etappe 3

Rom

Normalerweise friedlich:
Das Paxmal über dem Walensee.

Bild – Philipp Bickel

Walenstadt

Symbolische Keilerei

Der Weg nach Italien führt an einer Reha-Klinik vorbei. Ich unterlasse, ganz gentlemanlike, die Symbolik. Wir parkieren den Camper und gehen eine Stunde zu Fuss. «25 Jahre hat der gebraucht, um diesen Tempel da hinzustellen?», sagt Passepartout. «Die spinnen, die Römer.» Nun ja, sage ich, erstens sei es kein Römer gewesen, sondern ein Zürcher, und zweitens seien nun mal nicht alle als Kind in den Zaubertrank gefallen. Kaum habe ich das Wort «Zaubertrank» gesagt, fängt es im Tempel an zu krachen und scherbeln, und die Mosaikfiguren kommen leibhaftig aus den Wänden heraus. «Beim Cäsar!», sagt der eine, «Darauf haben wir lang genug gewartet!», und streckt mit einem wohligen Seufzer seine Glieder. Man muss dazu sagen, dass sie alle nackt sind. Passepartout murmelt etwas vom Ruf eines Birkhuhns und schleicht davon. Mir fällt leider keine Ausrede ein, und ich schaue etwas angestrengt in die Landschaft. Wie das Leben denn so sei, als symbolische Figur, frage ich. Mässig lustig, sagt «der Suchende», aber ich soll doch den Bock da fragen, und schaut den muskulösen Typen an, der seit über 70 Jahren quasi nonstop «die Empfangende» schwängert. Das lässt sich dieser nicht bieten, und innert Kürze entbrennt im Paxmal eine Keilerei, die keinen Mosaikstein auf dem andern lässt. Zum Glück kommt im genau richtigen Moment Passepartout zurück, mit roten Wangen – und einer Wildsau. Und genau so, wie sie keilen, können sie feiern. Wir fesseln Troubadix an eine Säule, wünschen guten Appetit, und verabschieden uns höflich. Wir müssen weiter, Jesus winkt schon!

Blick vom Paxmal über den Walensee hinaus zum Maschgenkamm auf den Flumserbergen.

Bild — Jon Bollmann

Friede auf dem Walenstadtberg

Als schreite man in Toga und Sandalen durchs antike Rom auf einen prächtigen Tempel zu; so fühlt man sich beim Betreten des monumentalen Paxmal. Die mosaikverzierten Seitenwände bilden eine offene Halle, im zentralen Wasserbecken spiegelt sich der Himmel. Dahinter eine Tempelfassade mit sechs Säulen, unter dem Giebel prangen drei Lettern: PAX – Peace. Doch der Bau wirkt jünger, er liegt umgeben von Tannenbäumen und Alpweiden und schmiegt sich an schroff in den Himmel ragende Felswände. Statt Friedenstauben singen Amseln. Wir befinden uns nicht im Forum Romanum, sondern an den Südhängen der Churfirsten mit Wanderschuhen an den Füssen. Der Blick schweift hinunter auf den tiefblauen Walensee. Ein eindrücklicher Ort. Eine stille Energie liegt in der Luft und die Kraft der Felswände ist förmlich spürbar. So muss es auch dem Schöpfer des Paxmal Karl Bickel ergangen sein, als er 1913 hierherkam.

Der 1886 in Zürich-Hirslanden geborene Künstler war gelernter Lithograf und erfolgreicher Werbegrafiker. Als 26-Jähriger unternahm der junge Bickel eine Bildungsreise nach Italien und war tief beeindruckt von den antiken Bauten und Michelangelos Renaissance-Skulpturen. Im Marmor-Mekka Carrara lernte er die Kunst der Bildhauerei, erkrankte dann aber an Tuberkulose und kam so nach Walenstadtberg in die Kur. Die imposante Gebirgswelt löste in ihm eine tiefe Naturverbundenheit und Visionen einer friedlichen Welt aus und er gelobte schliesslich, ein Friedensmal zu erbauen, sollte er von der Krankheit genesen. 1924 liess er sich definitiv in Hochrugg-Schrina nieder und begann sein Lebenswerk nach römischem Vorbild. 1949 war es vollendet. Das Paxmal ist heute ein stiller, utopischer und doch realer Ort des Friedens.

Ein Tag über dem Walensee

Reisevorbereitung: Warum nicht mit der Vespa nach Walenstadt düsen? Eine mieten zum Beispiel bei Piaggio Service Meyer in Zürich. Frühzeitig reservieren!

1 **Museumbickel:** Eintauchen in die Welt und Werke Karl Bickels. In der Ausstellung «landauf - landab» werden diese aktuell neben zeitgenössischen Werken von Bettina Mürner und Gian Häne gezeigt.

2 **Walenstadtberg:** Erst Kultur, dann Natur – die Wanderschuhe schnüren und los, hoch den Berg!

3 **Alp Tschingla:** 728 Höhenmeter später im gemütlichen Bergbeizli Mittagsrast machen.

4 **Paxmal:** Dem Alp- und Kulturweg Schrina hinunter zum Paxmal folgen. Einfach zur Ruhe kommen und den Moment geniessen.

5 **Lago Mio:** Von Walenstadt mit dem Schiff nach Weesen fahren. Im Lido und Ristorante Lago Mio die Füsse baden und bei einem Campari den Tag ausklingen lassen.

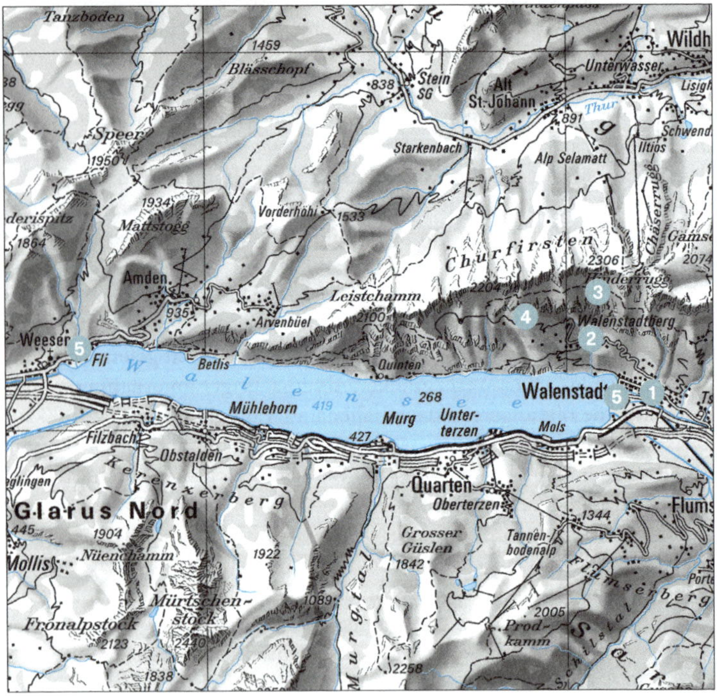

KARTE – © swisstopo (JM190029)

Fertiggestellt
Pantheon: um 128 n.Chr.
Paxmal: 1949

Reisebegleiter

FILM

«Il maestro» Federico Fellini hat mit dem Schwarzweissfilm «La Dolce Vita» (1960) einen hell leuchtenden Fixstern am internationalen Kinohimmel geschaffen. Die Kussszene im Trevi-Brunnen hat Kultstatus. Eine fulminante, quirlige Liebeserklärung an die ewige Stadt ist auch Woody Allens Romantikkomödie «To Rome with Love». Dazu natürlich einen Espresso geniessen, am besten stilecht mit einer Bialetti Moka Express gebraut.

MUSIK

Zweimal spielte Vivaldi in Rom für den Papst. Seine Violinkonzerte «le quatro stagioni» gehören zu den genialsten und meistaufgeführten Barockwerken. Wenige wissen jedoch, dass die virtuosen Klänge Naturphänomene imitieren. Deshalb: Bewusst den Sommer hören, die drückende Hitze fühlen und das heftige Sommergewitter am Schluss geniessen.Eine wahre Legende ist Ennio Morricone. Er hat Musik für über 500 Filme verschiedenster Genres geschrieben, von Italowestern wie «Spiel mir das Lied vom Tod» bis hin zu «Karol, ein Mann der Papst wurde». 2007 erhielt Morricone einen Ehrenoscar für sein Lebenswerk.

LITERATUR

Wie Augustus zum ersten römischen Kaiser wurde und eine langanhaltende Phase des inneren Friedens, die Pax Romana, initiierte, erzählt die spannende Biografie Augustus: Aufrührer, Herrscher, Heiland von Althistoriker Prof. Dr. Werner Dahlheim.

Entrata

Abstempeln im:
Seecafé «Lago Mio»
am Walensee

Etappe 4

Rio de Janeiro

Breitet nonstop die Arme aus: Der Cristo von Pfäfers.

Bild – Jon Bollmann

Pfäfers

Der kitzlige Cristo

Na ja, winken ist vielleicht der falsche Ausdruck. Der «Cristo Salvador» breitet die Arme aus und schaut auf Bad Ragaz de Janeiro hinunter. «Schon wieder ein Symbol», stöhnt Passepartout. Der Cristo ist aus vier Elementen zusammengebaut. Aus den waagrechten Ritzen spriesst Gras. Ich zupfe dran, da fängt er an zu kichern. Ich soll das bitte bleiben lassen, sagt er – in Rheintaler Dialekt mit brasilianischem Akzent – er sei kitzlig, aber dürfe die Arme nicht runternehmen, das sei vertraglich geregelt. Ob ich sonst etwas für ihn tun könne, frage ich. Ein Schluck Wasser wäre nicht schlecht, sagt er. Irgendwie kommt mir sein Gesicht bekannt vor. Dieses markante Kinn, diese hochgezogenen Augenbrauen, dieses irgendwie leicht spöttisch anmutende Lächeln. «Gern», sage ich, «aber nur, wenn du daraus Wein machst!» Er findet es nicht lustig. Ich halte ihm meine Flasche hin, er beugt sich zu mir herunter, die Arme noch immer ausgestreckt. Ich erzähle ihm von den Figuren im Paxmal, und ob er sich nicht auch mal ein wenig schütteln wolle, vielleicht eine Runde Samba? Das könne er nicht riskieren, sagt er. Bad Ragaz habe ihm schon die Aufenthaltsgenehmigung gekündigt, das reiche. Er tut mir leid. Ich schicke Passepartout zum Hofladen der Familie Schwitter. Mit einer Flasche Pinot Noir kommt sie zurück. Cristo lächelt ihr dankbar zu. Wir gehen. Asterix! Die Odyssee! Der Druidenspion Nullnullsix! Dem Cristo von Pfäfers wie aus dem Gesicht geschnitten. Ich schaue zurück, und mir ist, als würde sich die Statue bewegen. War das der Ansatz eines Hüftschwungs?

Vom Himmel geflogen: 2016 zügelte der Cristo nach Pfäfers.

Bild – Keystone, Gian Ehrenzeller

Tauben fliegen auf, Mönche steigen ab

Text – Jon Bollmann

Cristo Salvador mag ein grosses, wuchtiges Spektakel sein, das man durchaus mit einem Augenzwinkern sehen darf. Seiner ist aber nicht der erste göttliche Fingerzeig in die heilige Höhe von Pfäfers. Vielmehr gab es schon zu Zeiten des heiligen Pirmin Zeichen, die auf den speziellen Ort hinwiesen. Es war der Legende nach nämlich so, dass der heilige Pirmin, ein Wandermönch, der im 8. Jahrhundert zwischen Elsass und Bodensee zahlreiche Klöster gründete, im Talboden des Rheintals zum Bau eines Klosters angesetzt hatte. Da verwundete sich ein Zimmermann beim Holzfällen, woraufhin eine weisse Taube herbeigeflogen kam, einen der blutigen Holzspäne in den Schnabel nahm und damit über den Rhein in die Höhen des jenseitigen Waldes flog. Pirmin sah dies als höhere Deutung und entschied, das Kloster an dem Ort zu errichten, an dem die Taube den blutigen Span fallen liess.

BAD PFÄFERS

So kam es, dass in Pfäfers ein Kloster errichtet wurde, das über die Jahrhunderte eine beachtliche Bedeutung erlangte. Dies lag an seiner strategisch günstigen Lage sowie auch daran, dass die Mönche im 13. Jahrhundert das warme Wasser der Taminaquellen entdeckt hatten. Um das 36,5°C warme Wasser für die Gäste zugänglich zu machen, bauten sie in der engen Taminaschlucht ein Badehaus, das rittlings über dem Wasser sass und ein spektakuläres Badeerlebnis versprach.

Besonders populär wurde das Bad, als Paracelsus dem Wasser um 1535 spezielle Heilkraft zuwies – was allerdings gefühlt jede Schweizer Heilquelle von sich behauptet. Leider schützte dies aber nicht vor Unbill, so dass die «Königin aller Heilquellen» bis 1680 von Bränden und Felsstürzen gebodigt wurde. Das Kloster baute die Badeeinrichtung zwar wieder auf, doch 1969 war dann endgültig Schluss: Das Wasser wurde nach Bad Ragaz geleitet und die Gebäude sollten abgerissen werden. Das konnte die «Stiftung Altes Bad Pfäfers» allerdings teilweise verhindern. Sie übernahm die maroden Gebäude, sanierte sie gründlich und bietet heute wieder Restauration und Besichtigungen an. Besonders eindrücklich ist ein Besuch während der Bad Ragartz, wenn die Schlucht mit Lichtinstallationen bespielt wird. Manche Besucher wollen dann sogar die Taube wieder auffliegen gesehen haben. Vielleicht haben sie sich aber auch vom Gemeindewappen von Pfäfers täuschen lassen, wo die Taube bis heute ihre Kreise dreht.

CRISTO SALVADOR DE BANHO RAGAZ

Als 2014 in Rio de Janeiro die Fussballweltmeisterschaft stattfand, zelebrierte man das im Zürcher Glattzentrum mit einer grossen Replika der berühmten Statue auf dem Corcovado. Die Statue war riesig und man sprach weit herum über das eindrückliche Stück – wodurch auch Rolf und Esther Hohmeister, die Initianten der Bad Ragartz, darauf aufmerksam wurden. Als Organisatoren einer der weltweit grössten Skulpturenausstellungen erkannten sie das Potential der Statue und beschlossen, sie als Fingerzeig auf die Skulpturentriennale zu verwenden.

So wurde der 2,4 Tonnen schwere Cristo Salvador nach der WM nach Bad Ragaz transportiert und mit einem Spezialhelikopter auf den Guschakopf geflogen, um die Ausstellung, das Dorf und eigentlich das ganze Rheintal zu erlösen.

Tatsächlich ging der Plan auf und der spektakuläre Flug des Jesus ging um die Welt. Jesus war zwar kein Teil der Ausstellung, aber ein mächtiger Wegweiser dahin. Im «Gipfelbuch» neben der Statue, die rund 250 Höhenmeter über dem Talboden stand, haben sich über 30 000 Personen aus aller Welt eingeschrieben.

Nach Abschluss der Ausstellung musste Cristo aber wieder weg. Eine Initiative für den permanenten Verbleib scheiterte an der Urne, woraufhin die Verschrottung drohte. Als dann in den Sozialen Medien der Entscheid der Bad Ragazer diskutiert wurde, meldete sich der Chef der Tamina Therme und regte einen neuen Standort in der Gemeinde Pfäfers an. Wieder erhob sich Widerstand, und eine Einsprache gegen die Störung des Landschaftsbildes verzögerte den Weiterflug des Jesus abermals um einige Wochen. Doch im Herbst 2016 waren dann endlich alle nötigen Bewilligungen eingeholt und Cristo konnte seinen nächsten Flug antreten.

Standfest:
Der Cristo von Pfäfers.

24 Stunden rund um Pfäfers

Zur Einstimmung ein Mätschli auf dem 1 **Rasen**, auf dem sich der BVB auf die BuLi vorbereitet. Dann geht es auf den 2 **Corcovado**, um den Segen zu empfangen und im 3 **Hotel Schloss Wartenstein** einzuchecken. Für Entdecker ist die Gegend voller Abenteuer: die Geschichte der prächtigen 4 **Taminaschlucht** wird im 5 **Alten Bad Pfäfers** schön aufbereitet. Nach der Besteigung des Chimmispitz lässt sich auf der 6 **Alp Maton** zwischenrasten. Oder man deckt sich in Bad Ragaz mit einem brasilianisch grossen Stück Fleisch der 7 **Metzgerei Kellenberger** ein. Für das Abendessen nach dem Bad in der 8 **Tamina Therme** stehen viele Köche bereit. Unsere Lieblinge sind die 9 **Restaurants Rössli** und 10 **Giessenpark** in Bad Ragaz, sowie der 11 **Stall 247** und das 12 **Restaurant Falknis** im nahen Maienfeld.

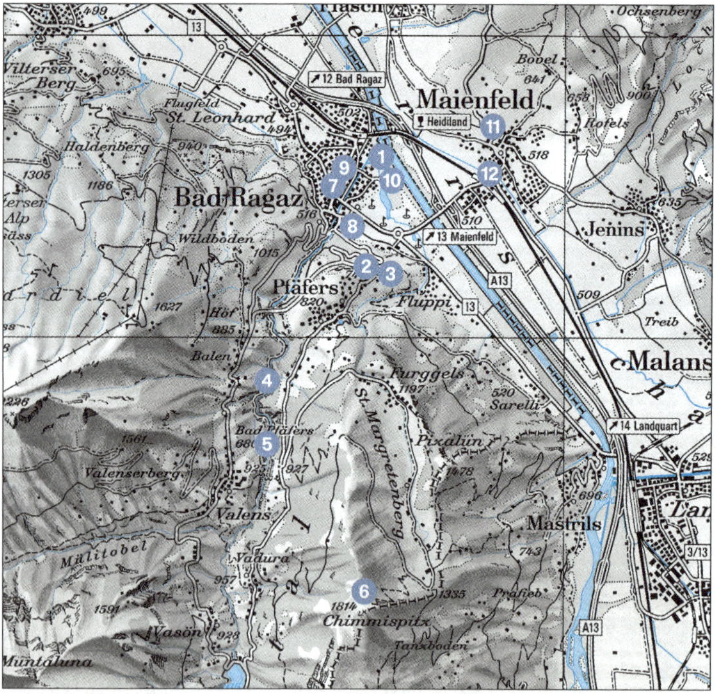

Grösse & Baujahr
Rio: 38 m, 1931
Pfäfers: 11 m, 2014

Reisebegleiter

DRESSCODE

Der brasilianische Tag ist betreffend der Garderobe grosszügig: ein Fussballshirt oder ein knappes Bikini genügen. Dazu Havaianas an die Füsse und der Tag kann beginnen.

MUSIK

Um langsam umzuschalten, gibt es brasilianische Versionen von David-Bowie-Stücken auf dem «The Life Aquatic»-Album von Seu Jorge. Danach geht es beschwingt weiter mit «Also sprach Zarathustra» von Deodato, bevor der Bossa Nova ansteht: «A Garota de Ipanema» von João Gilberto und «Desafinado» von Antônio Carlos Jobim. Bevor der Tag vorüber ist, schallt noch «Tripicalismo» von Caetano Veloso, seiner Schwester Maria Bethânia oder dem heutigen Kulturminister Gilberto Gil aus dem Lautsprecher.

KUNST

Die eindrücklichen Fotoarbeiten von Sebastião Salgado entführen in die Schönheit der wilden Natur, etwa des brasilianischen Dschungels. Als Liebhaber von Street Art und der Festungsanlagen rund um Bad Ragaz empfehlen wir einen ansteckenden Blick auf die fantasievollen Arbeiten von Os Gêmeos.

LITERATUR

Jahreszeitengerecht «Mord im August» von Rubem Fonseca, im Zürcher Unionsverlag erschienen, zu Gemüte führen oder ein Werk des in Rio de Janeinro geborenen Alchemisten Paulo Coelho, der seine Bücher auch gratis im Internet anbietet.

Entrada

Abstempeln bei:
Stall 247
in Maienfeld.

Etappe 5

Norwegen

Ohne Kreuzfahrtschiff.
Der Sognefjord im Calfeisental.

Bild – Sankt Martin Calfeisental AG

Sankt Martin

Wie ein Reh uns tröstete

Am Morgen in Italien, über den Mittag in Rio de Janeiro, und abends nach Norwegen. Jules Verne dreht sich im Grab um. Passepartout dreht am Steuerrad. Langsam, aber sicher, hat sie genug von den Kurven. Die Stimmung ist gereizt. Und Norwegen hat geschlossen. Na toll. «Ist ja ohnehin kein Fjord», sagt Passepartout, stellt den Motor ab und richtet ihren Feldstecher ins Nirgendwo, was sie immer tut, wenn die Stimmung zu kippen droht. Sehr wohl sei das ein Fjord, sage ich, was denn sonst. Ob ich schon mal einen Fjord gesehen hätte mit einer Staumauer vornedran, sagt sie. Ob sie per Zufall das Motto dieses Heftes begriffen habe, sage ich, es gehe darum, die Fantasie walten zu lassen. «Lass du von mir aus die Fantasie walten», sagt sie, «ich beobachte so lange Vögel.» Es ist eine Weile still. Wir stehen an der Strasse zum Kunkelspass. Es dämmert. Und es regnet wieder. Ein Waldkauz fliegt vorüber. Ich hole meinen kleinen, uralten Gaskocher hervor. Ich glaube, damit zelteten schon meine Eltern. Die Kartusche ist leer. Beim Versuch, die neue anzusetzen, schlägt sie irgendwie leck, das Gas zischt heraus, ich schmeisse sie fluchend in die Landschaft. Warum ich nicht den grossen Gaskocher nehme, fragt Passepartout. Ich hätte ohnehin keinen Hunger, brummle ich, und kein Wunder, sei in Norwegen der Alkohol so teuer, wenn es die eine Hälfte des Jahres dunkel sei und in der anderen Kreuzfahrtschiffe die Fjorde verstopfen. Es gibt Käse, Brot und Wein. Und Trost von einem jungen Reh, das beim Einnachten auf der Wiese herumtanzt, als wäre es betrunken.

Gleich kommt die Fähre der Hurtigruten, um in der ehemaligen Walsersiedlung St. Martin anzulegen.

Glücksmomente im Calfeisenfjord

Im Winter bleibt es im Calfeisental fast wie im hohen Norden dunkel, zumindest schafft es kein einziger Sonnenstrahl über das imposante Ringelspitz-Massiv. Dies war dann auch mit ein Grund, weshalb die Walser, die Sankt Martin einst eroberten, weiterzogen. Denn einerseits verlangten die langen und kalten Wintermonate viel Brennholz und andererseits brauchte das Vieh frische Weiden. So rodeten die Walser ganze Wälder und Lawinen konnten ohne jeglichen Widerstand ins Tal einbrechen. Die eigentlich an die raue Wildnis gewohnten Walser mussten vor der unberechenbaren Natur kapitulieren und 1652 verliessen die Letzten die Siedlung. Geblieben sind einzig das Kirchlein, ein doppelstöckiges Wohnhaus und die Faszination für einen Ort, der von Riesen umgeben und von Mystik erfüllt ist.

Anfang des 20. Jahrhunderts gesellten sich wenige Häuser dazu und das Wohnhaus wurde zur Wirtschaft umgebaut, die jeweils in den Sommermonaten betrieben wurde. Sankt Martin ging fortan von Familie zu Familie, die allesamt ihren Beitrag leisteten, dass das Dörfchen nicht in Vergessenheit geriet. Als die Staumauer 1976 fertiggestellt wurde, bekam es seinen eigenen Fjord. Ehrfürchtig schlängelt sich nun der Gigerwaldsee um die Bergflanken. Heute gehört das Dörfchen einer Gruppe von Aktionären, die Sankt Martin zu einem Ort gemacht haben, in dem Gemütlichkeit nicht gepredigt, sondern gelebt wird. Die Häuser wurden liebevoll und mit viel Sinn für ursprünglichen Charme renoviert. So erinnert der Seelenbalken im Messmerhaus zum Beispiel noch heute an jene Zeit, als die Toten ins Haus gebracht und der Balken geschoben wurde, damit die Seelen der Toten hinaus in die Freiheit fliegen konnten. Hinaus in die von Sternen übersäte Dunkelheit.

36 Stunden rund um Stankt Martin

Reisevorbereitung: Den Film «Pathfinder» von Nils Gaup anschauen und in die Landschaft Norwegens eintauchen.
1 **Kunstvoll:** Auf der Anfahrt von Bad Ragaz die neue Brücke über die Tamina-Schlucht bewundern.
2 **Fjordsichten:** Auf der Wanderung von Sankt Martin hinauf zur Malanseralp bis zur Sardonaalp und dann auf der anderen Talseite am Fluss entlang zurück (ca. 4 ½ Std.). Transhelvetischer-Geocache unterwegs einsammeln nicht vergessen.
3 **Kos:** In der Bergwirtschaft Sankt Martin gut essen, saunieren und den Sternenhimmel beobachten.
4 **Strassentunnel:** Den längsten haben die Norweger, wir haben den coolsten: Auf dem Weg über den Kunkelspass (Tagespass lösen!) nach Tamins.
5 **Norwegische See:** In den elf Holzbrunnen auf dem Pass ins kalte Bergwasser eintauchen, bevor die Reise weitergeht.

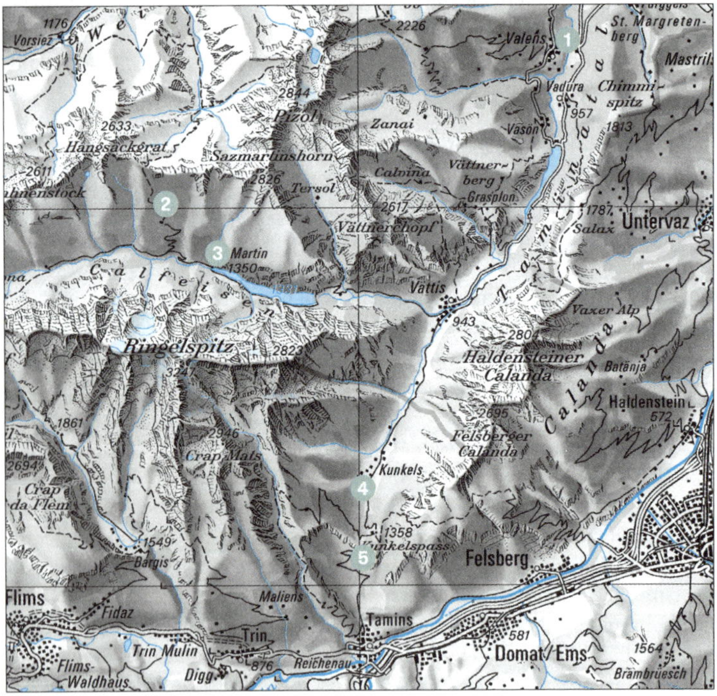

Tiefe
Sognefjord: 1309 m
Gigerwaldsee: 135 m

Reisebegleiter

LEBENSGEFÜHL

Die Norweger haben ein Wort für Glücksmoment: «Kos» kann vom Zusammensitzen am hölzernen Küchentisch bis zum Händchenhalten unter den Nordlichtern gehen.

MUSIK

Vielleicht weil die Norweger es verstehen, Momente zu geniessen, produzieren sie so viel gute Musik. Waren es früher Edvard Grieg und Johan Svendsen, die mit ihren Kompositionen in eine Traumwelt führten, sind es heutzutage a-ha, Röyksopp und Marit Larsen, die weltweit bekannt sind.
Zu unseren Favoriten gehören Sidsel Endresen, das Tord Gustavsen Trio und Kings of Convenience für ruhige Momente sowie Kakkmaddafakka, Kaizers Orchestra und Katzenjammer für dic gute Laune. Und wir Schweizer mischeln auch noch ein wenig mit, zumindest Debrah Scarlett, die für Norwegen am Eurovision Song Contest 2015 antrat.

KULINARIK

Ob süss oder salzig, die Norweger lieben Waffeln, am liebsten herzförmig und dünner und weicher als diejenigen der Amerikaner oder Belgier. Joar Mortveit schaffte mit seiner Waffel mit 98 cm Breite gar einen Guinness-Weltrekord.

KRIMI & THRILLER

Die Skandinavier wissen Geschichten zu erzählen, wie zum Beispiel mit dem Film «Headhunters» von Morten Tyldum. Dieser basiert auf dem gleichnamigen Buch von Jo Nesbø, der vor allem für seine Krimiromane um Hauptkommissar Harry Hole bekannt ist.

Innreise

Abstempeln bei:
Alpwirtschaft & Berghotel
SANKT MARTIN.

Etappe 6

England

Das ist ein Fünf-Uhr-Tee, ist es nicht?

Bild – Kulm Hotel

St. Moritz

Von den spinnenden Briten

«Wenn man Kunkelspass anders liest, heisst es Kunkel-Spass!», sagt Passepartout und grinst. «Auf nach England!», sage ich und löse per SMS einen Tagespass für die Überfahrt. Auf der Passhöhe ziehen gespenstische Nebelschwaden auf, als wäre es eine Vorahnung. Wir fahren weiter, und dann kommt ein Tunnel, in dem uns Hören und Sehen vergeht. Roh in den Fels gehauen, ungeteert und unbeleuchtet, links und rechts kaum eine Handbreit Platz. Im Schritttempo und vor jeder Kurve hupend steuert Passepartout durch dieses Höllenloch, ich filme. Das Licht am Ende des Tunnels sieht auf dem Film aus wie eine Nahtoderfahrung. Als Letztes hört man, wie ich ausatme. Vor Erleichterung. Kurz vor Tamins entsorge ich mit schlechtem Gewissen die lecke Gaskartusche in einem Robidog-Eimer. Auf der Armatur erscheint ein seltsames Symbol: Eine Wellenlinie, darüber zwei Klammern und dazwischen ein Ausrufezeichen. «Was zum Teufel heisst das?», fragt Passepartout. «Well», sage ich, «das ist sehr einfach, ist es nicht: Das Auto sagt uns, dass wir haben gemacht einen grossen Fehler, haben wir nicht. Nach England, der Weg führt übers Wasser!» – «Die spinnen, die Briten», sagt sie, über den Julier kurvend, «und kannst du bitte wieder aufhören, so seltsam zu reden?» – «Es tut mir leid», sage ich, «aber das kann ich nicht, kann ich. Und würde es dir etwas ausmachen, zu fahren ein wenig schneller, wir werden erwartet im Hotel Kulm zum Fünf-Uhr-Tee, werden wir nicht.» Passepartout schnaubt, dann brettert sie den Julier hinunter wie die spinnenden Briten den Cresta Run. Kopfvoran.

Die 1871 erbaute Kirche «St. John» in St. Moritz geht auf die Initiative von Pfarrer A.B. Strettell zurück, der von 1860 bis 1900 jeden Sommer im Engadin verbrachte.

Foto: KEYSTONE/Photochrom Gesellschaft

Very british!

Tief in die weichen Polstersessel versunken, mit lieblichen Klavierklängen in den Ohren und Blick auf den St. Moritzersee erlebt man in der Lobby des 1 Kulm Hotel St. Moritz einen besonderen Teil der britischen Kultur: den Afternoon Tea. Auf einer Etagere werden feine Sandwiches serviert, gefüllt mit Lachs oder Gurken, verschiedenste Pâtisserie-Kunstwerke im Kleinformat und natürlich Scones mit reichlich Konfitüre und Clotted Cream. Getrunken wird dazu ein edler Schwarztee und, zu besonderen Anlässen, gerne auch ein Glas Champagner. Übrigens: Wer wohlhabend ist, oder zumindest den Anschein erwecken will, giesst den Tee zuerst in die Tasse, dann erst die Milch. Denn früher konnten sich nur die reichen Leute echtes Porzellan leisten, dem die Hitze des Tees nichts anhaben konnte.

In St. Moritz haben die Engländer an verschiedensten Orten ihre Spuren hinterlassen. In Form der Englischen Kirche oder des Cresta Runs beispielsweise, oder beim jährlich stattfindenden «British Classic Car Meeting St. Moritz». Auch die Tea Time lässt sich an mehreren Orten zelebrieren, kaum einer ist aber so eng mit der Geschichte der Engländer im Engadin verwoben wie das Kulm Hotel St. Moritz. Denn Johannes Badrutt, Gründer des Hotels, wird nichts Geringeres zugeschrieben, als dass er mit Hilfe von sechs englischen Feriengästen den Wintertourismus in den Alpen ins Rollen brachte. Der Legende nach soll Badrutt mit einer Gruppe von englischen Sommergästen eine Wette abgeschlossen haben: Sollten sie im Winter nicht mindestens einmal ohne Jacke draussen an der Sonne sitzen können, würde er dafür all ihre anfallenden Reisekosten übernehmen. An Ostern reiste die Gruppe braungebrannt zurück nach England und «the rest is history».

24 Stunden in St. Moritz

❷ **Anglikanisch:** Der Englischen Kirche einen Besuch abstatten.
❸ **Künstlerisch:** Sich im Segantini Museum von den Landschaftsmalereien verzaubern lassen.
❹ **Waghalsig:** Spazierend geht es nach Celerina, vorbei am Cresta Run, bei dem sich im Winter Mutige kopfsvoran in den Eiskanal stürzen - eine britische Erfindung.
❺ **Aus dem Ofen:** Im Restaurant Cresta Run am Fusse des Cresta Runs eine Holzofenpizza essen.
❻ **Absacker:** Für ein Pint in Bobby's Pub in St. Moritz oder, wenn man es edler mag, ins Suvretta House für einen Haus-Gin.
❼ **Nachtruhe:** Je nach Budget im Hotel Alte Brauerei in Celerina oder aber im Hotel Reine Victoria in St. Moritz nächtigen.
❽ **Idyll:** Bei einem entspannenden Spaziergang zum Lej da Staz den Vögeln lauschen.
❾ **Englischer Rasen:** Auf dem Golfplatz ein paar Bälle schlagen.

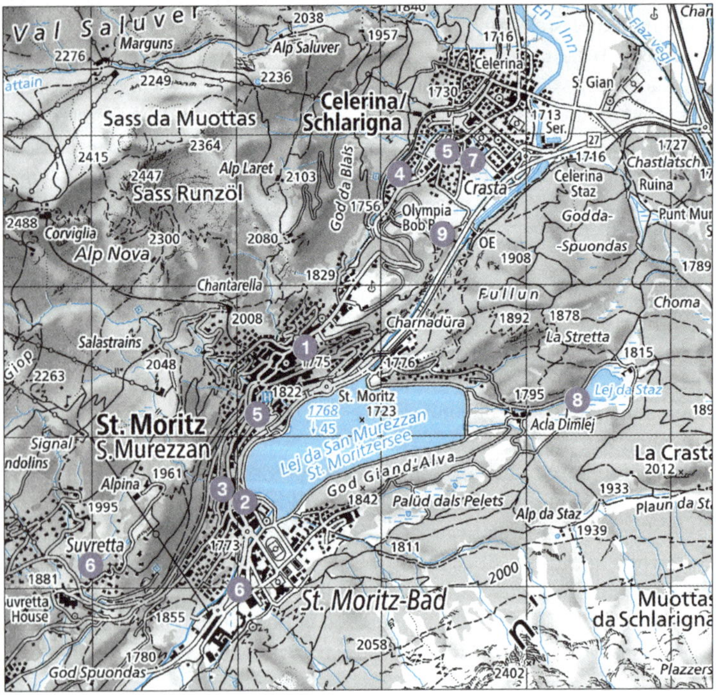

KARTE – © swisstopo (JM190029)

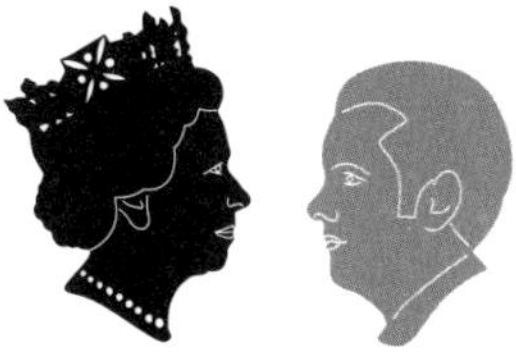

Regentschaft
Queen: Seit 1952
Christian Jott Jenny: Seit 2019

Reisebegleiter

MUSIK
Mit «London Calling» von der englischen Rockband The Clash im Ohr kann man nicht anders, als sich ein bisschen rebellisch zu fühlen.

LIFESTYLE
Beim Afternoon Tea die korrekte Aussprache von «Scones» diskutieren sowie darüber, in welcher Reihenfolge das luftige Gebäck denn bestrichen wird: zuerst mit der dekadenten Sahne namens Clotted Cream und dann mit Erdbeerkonfitüre? Oder «jam first, cream second»? Und natürlich bei der nächsten Party – sobald diese wieder erlaubt sind – einen Brexit machen: Immer wieder ankündigen, zu gehen, und dann doch noch etwas länger bleiben.

KULINARIK
Fish & Chips, Bangers & Mash und Yorkshire-Puddings sind nicht aus der britischen Küche wegzudenken. Als wahres britisches Nationalgericht gilt allerdings Chicken tikka masala, ein mildes Currygericht, das zwar original indisch daherkommt, vermutlich aber in einem indischen Restaurant in England kreiert wurde. Chicken tikka masala wurde 2001 von den Briten als das beliebteste Gericht gewählt.

LITERATUR
In «Die Geschichte der Welt in 12½ Kapiteln» schreibt der britische Schriftsteller Julian Barnes, weshalb Holzwürmer vielleicht die besseren Menschen wären, was sich wirklich auf der Arche Noah abgespielt hat und was der Kalte Krieg und Rentiere miteinander zu tun haben.

Immigration

Abstempeln bei:
Kulm Hotel
in St. Moritz.

Etappe 7

Spanien

Links im Bild der Palazzo mit dem seltsamen Namen Devon House.

Bild – Maurice K. Grünig

Valposchiavo

Wie wir den Stier loswurden

Am nächsten Morgen strahlender Sonnenschein. «Und das über England!», ruft Passepartout, den Feldstecher vor den Augen. «Well», sage ich, «eine Schwalbe macht noch keinen Frühling, tut sie.» Passepartout zeigt in den Himmel: Dutzende Rauch-, Mehl- und Felsenschwalben kreisen zwischen Kirche und Seeufer. Ich seufze und zeige auf die Uhr: «Time for Brexit.» Wir steigen ins Auto und fahren südwärts. Es ist heiss und still, in Spanien. Keine Menschenseele auf der Strasse. Die Luft flimmert. Da, plötzlich, ein leises Schnauben, ein Scharren, gefolgt von einem tiefen Brummen. Wir drehen uns um und erstarren. Ein riesiger Stier steht da. Glotzt uns aus unterlaufenen Augen an und macht keinen Wank. Ich schiele rüber zu Passepartout. Sie trägt ein feuerrotes T-Shirt. Sie schielt rüber zu mir, lächelt gequält und flüstert: «Mierda. Und wie kommen wir aus dieser Geschichte wieder raus?» In diesem Augenblick hüpft ein Känguru zwischen den Häusern hervor und über den nächsten Gartenzaun, der Stier galoppiert ihm nach. Passepartout wischt sich den Schweiss von der Stirn. «Wie bist du denn auf das Känguruh gekommen?», fragt sie. «Nun ja, es will seinen Schnaps zurück!» Mit spanischem Temperament kurvt Passepartout über Bernina und Julier, entdeckt den Abzweiger auf die Alp Flix und reisst das Steuerrad herum. Für heute ist das Känguru abgehängt. Wir stehen mitten in der einsamen Bergstille. Krokusse bedecken wie ein frisch gefallener Silberregen die Bergwiesen. Zur Feier des Tages zaubere ich eine Tortilla española de patatas auf den grossen Gaskocher. Olé.

BILD Francesco Olgiati, 1907 | Archivio fotografico Luigi Gisep / SSVP

In die prächtige Reihe der Paläste, an der Via die Palaz reiht sich auch die Casa Tommaso Lardelli ein.

Emigranten & erfolgreiche Heimkehrer

Text – Barbara Liebster
(Auszug aus Suvretta House Magazine)

Puschlaver zogen aus, um Wohlstand zu finden. Dabei blieben sie mit dem Tal verbunden und brachten bei der Heimkehr ein Stück Welt nach Hause.

1797, nach der Invasion der Franzosen wurde die Landkarte nach Napoleons Vorstellungen neu gestaltet. Die einstigen Untertanengebiete der Drei Bünde wurden konfisziert und der Cisasalpinischen Republik zugeschlagen. Poschiavo kam neu zur Helvetischen Republik und verlor seine Souveränität und seine Rolle als Warenumschlagplatz an einer wichtigen Transportroute für Wein und Korn. Das einstige Zentrum einer Region fand sich plötzlich als Randgebiet einer neuen politischen Ordnung wieder.

Damit begann eine Krise, die in der katastrophalen Überschwemmung von 1834 ihren Höhepunkt erreichte und das Tal dazu zwang, sich neu zu erfinden.

Ausschlaggebende Impulse für dessen gesellschaftliche Entwicklung und wirtschaftliche Erneuerung kamen von den Emigranten. Diese verliessen ihre Heimat, die ihnen kein Auskommen bot, und kamen in den Städten Europas als Cafetiers, Pâtissiers und Schnapsbrenner zu Achtung und Wohlstand. Doch auch in der Ferne blieben die Puschlaver Zuckerbäcker der Heimat verbunden. Sie heirateten Frauen aus dem Tal und vetrauten ihr in Frankreich, Spanien, Portugal oder Russland verdientes Geld der Bank

Pozzy auf der Piazza an. Sie waren untereinander gut vernetzt und organisiert, möglicherweise in Logen wie die der Freimaurer, und es gelang ihnen, ihre Cafés immer an bester Lage zu eröffnen.

Viele von ihnen kehrten in ihren späteren Jahren zurück ins Tal und brachten liberales urbanes Gedankengut und die Ansprüche eines europäischen Bürgertums mit. Für den Bau ihrer herrschaftlichen Häuser zogen sie Architekten bei und statteten ihre Familiensitze mit Komfort auf der Höhe der Zeit aus. Dem Kapital, das die Auswanderer ins Tal zurückbrachten, ist es zu verdanken, dass Schulbildung ein Thema wurde, der technische Fortschritt Einzug hielt und sich die Lebensqualität der Bevölkerung entscheidend verbesserte. Ställe und Dienstgebäude wurden auf die Rückseite der Wohnhäuser verbannt, und bald gehörten fliessend Wasser, eine Kanalisation, gepflasterte Strassen und elektrisches Licht zum Standard.

Die weichen Pastellfarben der Via di Palazz prägen bis heute das Ortsbild und den touristischen Auftritt von Poschiavo.

Bild

Zucchero incantato

Der Architekt Giovanni Sottovia aus Vicenza prägte in der zweiten Hälfte des 19. Jahrhunderts das Ortsbild von Poschiavo wie kein zweiter. Der Pionier der Hotelarchitektur gab den Palazzi der rückkehrenden Zuckerbäcker ihr festliches Gesicht. Sein Stil traf den Geschmack des Bürgertums, denn er stand für Weltoffenheit und Repräsentation. Zudem verbreitete er mit Malereien und Ornamenten südliches Flair, das die Heimgekehrten an ihre Jahre im Süden abseits des Bergtals erinnerte. Ein schönes und eindrückliches Beispiel für seine Kunst ist die prächtige Häuserzeile der Via dei Palazzi, welche auch «Spaniolenviertel» genannt wird.

Ein Palazzo dieser Häuserzeilen wurde 1864 für die Familie Pozzi erbaut und trägt den seltsamen Namen «Devon House». Er fesselt das Auge nicht durch die verspielte Üppigkeit, die auch einige der anderen Gebäude an den Tag legen, sondern durch seine zurückhaltende klassizistische Eleganz. Seinen Namen erhielt er 1908, als Domenico Semadeni, der mit seinem Swiss Café in England ein grosses Vermögen verdient hatte, ihn erwarb. In den 60er Jahren wohnte der Schriftsteller Wolfgang Hildes-heimer im Devon Haus, in dem er seinen mit dem Georg-Büchner-Preis ausgezeichneten Roman «Tynset» teilweise angesiedelt hat. Die Zimmer und die Scheune werden darin zu mentalen Räumen, in denen sich die surreale Wahrnehmung und die Gedanken eines Schlaflosen im Lauf einer durchwachten Nacht widerspiegeln. Hildesheimer beschrieb die Palazzi in Anspielung auf ihre Historie als «In Architektur transportierer Zuckerguss.» Im Sommer kann man etwas spaniolische Devon-Luft schnuppern, wenn die zauberhafte Konzertserie «Giardini Incantati» im Garten vor dem Haus Halt macht und die Szenerie mit Klängen füllt.

Ein Tag in der Valposchiavo

Die Anreise mit dem Talgo über die Pyrenäen erfolgt am Abend des Vortags. So ist man rechtzeitig hier, um im 1 **Hotel Albrici** bei einem Viño aus der Valtellina und einer Portion Capunet den Alltag abzustreifen. An nächsten Morgen auf der 2 **Plaza Mayor**, die hier Piazza Comunale heisst, einen Café con leche trinken – für einen Carajillo ist es doch noch etwas früh. Danach zur 3 **Via dei Palazzi** schlendern und vor dem Devon Haus in «Tynset» schmöckern. Schliesslich wird es Zeit für den Besuch in der gut sortierten 4 **Hosteria del Borgo**, um Puschlaver Delikatessen zu erstehen. Denn am Nachmittag geht es auf der Via Valtellina zum romantischen Kirchlein von 5 **San Romerio** de Compostela thront über dem Tal und über der Azienda 6 **Al Canton**, wo direkt am Mittelmeer Kräuter und Sonne in Teebeutel gepackt werden.

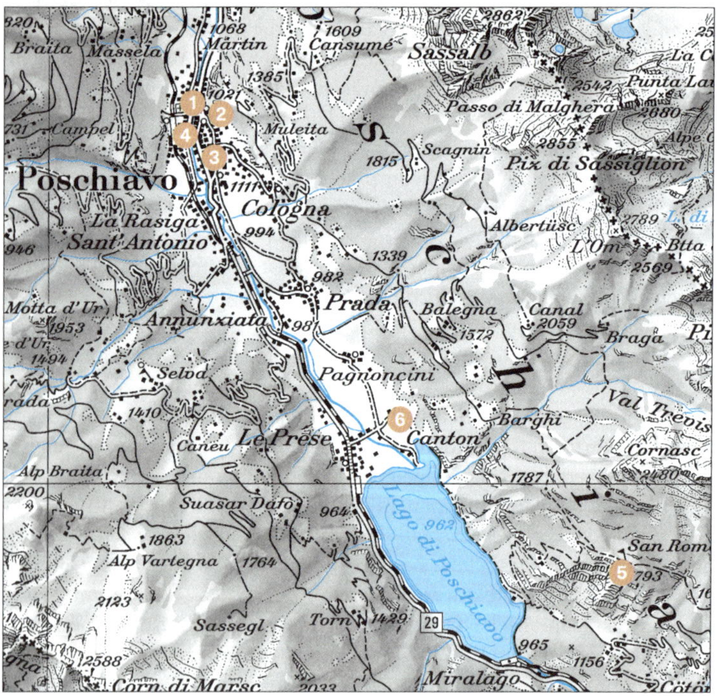

Kalorien
Churros: 447 kcal / 100 g
Bündner Nusstorte: 467 kcal / 100 g

Reisebegleiter

SÜSSHOLZ
Schweizer Männer werden wohl nie derart gekonnt Süssholz raspeln wie die Don Juans aus Madrid oder Barcelona es tun, aber eines wissen sie: ein Stengel Süssholz ist bei jeder Wanderung ein wirklicher Genuss.

WOLLDECKE
Die Valposchiavo zeichnet sich durch Ruhe aus. Ja, es könnte die Welt untergehen, in der Valposchiavo würde man davon nichts mitbekommen. Mit dieser erholsamen Ruhe sollte man sich aktiv auseinandersetzen, so wie es die Spanier mit der Siesta zu tun pflegen. Also Wolldecke – etwa aus der Tessitura – einpacken, eine idyllische Wiese finden, die Decke ausbreiten, sich darauf legen, die Augen schliessen und das Süssholz zur Seite legen – nicht dass man noch durch entspanntes Verschlucken zu Tode kommt.

LITERATUR
Don Quijote von Miguel de Cervantes Saavedra einpacken, unterwegs die liebevolle Ironie der Geschichten geniessen und mehr über das Wesen Mensch lernen.

MUSIK
Die Zugstrecke der rhätischen Bahn durch die Valposchiavo ist spektakulär – man denke ans Kreisviadukt bei Brusio – so packen wir passend dazu die Musik von den Los Prisioneros ein und hören am Ende des Tages, auf der Fahrt zurück in Richtung Norden, das Lied «Tren Al Sur». Denn davon träumen wir nach den Tagen in der Valposchiavo: Dass wir bald wieder mit dem Zug hierher in den Süden zurückkehren können.

Entrada

Abstempeln bei:
Hostaria del Borgo
in POSCHIAVO.

Etappe 8

China

BILD – Jon Bollmann

Locarno

Fix versucht, uns aufzuhalten

Detektiv Fix versucht rund um die Welt, Phileas Fogg aufzuhalten. In wie vielen Verkleidungen wir ihm begegnen! Zum Beispiel als harmloser Buchhändler! Auf der Fahrt nach China besuchen wir die Buchhandlung Kunfermann in Thusis. Die ganze Familie ist da. Grosses Hallo. Als ich auf die Uhr zeige, drücken sie uns Buchpakete in die Hand, zur Hauslieferung im Tal hinten. «Aber gern!», sagt Passepartout und strahlt. Und was schenkt uns Marianne Flükiger in der Sennerei Splügen, als Dank für die Lieferung? Ein «Splügner Tröimli», das wir sofort verzehren müssen, am Ufer des Hinterrheins. Fix ist überall! Am liebsten verkleidet er sich als seltener Vogel. Passepartout reisst den Feldstecher hoch: «Gartenrotschwanz!» – «Von mir aus», sage ich, «aber weisst du, wie weit es nach China ist?» Es ist schon Nachmittag, als wir am Fuss des Monte Sassariente ankommen. «Irgendwo da oben muss die chinesische Mauer sein!», rufe ich heldenhaft, ziehe die kurzen Hosen an und renne den Berg hoch. «Da habe ich andere Mittel», sagt Passepartout, setzt Wasser auf, macht sich einen chinesischen Grüntee und legt sich auf eine Waldlichtung. Nach drei Stunden komme ich ausgelaugt und erfolglos zurück. Ein Kuckuck ruft. «Apropos China», sagt Passepartout und gähnt, «wusstest du, dass der Kuckuck eine höchst erfolgreiche Ein-Kind-Politik betreibt?» Sie verschwindet in den Bolle di Magadino und kommt mit leuchtenden Augen zurück: «Drosselrohrsänger! Nachtreiher! Rohrammer!» Wie ein chinesischer Lampion hängt der Vollmond am Himmel und spiegelt sich im Lago Maggiore.

Die chinesische Mauer wurde in der Ming-Dynastie (1386 – 1644) errichtet und reicht bis zum Sassariente oberhalb der Magadinoebene.

Auf der Mauer

Die Grosse Mauer, Chinas wohl berühmtestes Bauwerk, von dem man sagt, man könne es sogar vom Weltraum aus sehen. Kann man natürlich nicht – und damit hat sie schon etwas gemeinsam mit der sogenannten Polenmauer, die sich im Tessin über dem Verzascatal zwischen Alpe di Foppiana und Alpe di Sassello über den Grat zieht. Denn auch die sieht man aus dem Weltraum nicht, auch wenn sie von Nahem beeindruckend ist: Gebaut aus mächtigen Blöcken, die ineinandergreifen wie ein natürliches Puzzle, windet sie sich über die Krete und erinnert ein bisschen an ihr chinesisches Pendant, dass sich über Hügelkuppe um Hügelkuppe schlängelt. Der Zweck allerdings ist ein anderer: Sollte die chinesische Mauer den Mongolen Einhalt gebieten, gilt dies bei der «Tessinerin» höchstens für die Schafe. Auch Wachtürme hat sie keine und bis sie das Alter ihrer «grossen Schwester» erreicht, muss sie wohl noch ein wenig ausharren. Denn gebaut wurde sie, so erzählt man sich, von polnischen Internierten während des Zweiten Weltkriegs. Diese waren im Juni 1940 in die Schweiz gekommen, als Mitglieder der Französischen Armee: Die 2. polnische Schützendivision, bestehend aus ca. 12 500 Mann, hatte mit dem 30 000-köpfigen 45. Französischen Armeecorps und rund 7000 Zivilisten um Aufnahme in der Schweiz gebeten, da sie von der vorrückenden Deutschen Wehrmacht hoffnungslos eingekesselt waren. Mit der Internierung in der Schweiz entgingen sie einer Gefangennahme durch die Deutschen. Arbeitseinsätze wie der Bau – oder, so vermuten manche, die Restaurierung – der Mauer auf dem Grat bei Sassello dienten dabei zum einen als Beschäftigung für die Männer. Zum anderen leisteten sie vielerorts einen wertvollen Beitrag, etwa bei der Sustenstrasse.

72 Stunden um Locarno

1 **Nachtlager:** In der Osteria Grotte Monte Motti, für den frühen Start am nächsten Tag.
2 **Zur Mauer:** Für die Wanderung – ca. 12 km, 900 hm – empfehlen wir den Weiler Monti della Motta, der zu Cugnasco gehört, als Start. Weiter zur Alpe di Foppiana. Auf dem Grat darüber (Forcarella) verläuft die Polenmauer, der man folgt via Cima di Sassello bis Alpe di Sassello. Abstieg via Monti della Gana zurück Richtung Monti di Motta. Abstecher (nach Cima di Sassello) und perfekter Picknickplatz ist der Sassariente.
3 **Entspannen:** Am Lido in Tenero.
4 **Essen:** In Tenero im Ristorante Cinese Lungolago.
5 **Schlafen:** Heimelig & stilvoll in der Villa Novecento in Locarno.
6 **Mauer zum Zweiten:** Bungee Jumping an der Staumauer im Verzascatal.
7 **Wein & Bett:** Auf der anderen Talseite nach Mergoscia, wo im Ca di Cìser Wein und im CB Guesthouse eine Unterkunft warten.

Karte – © swisstopo (JM100020)

Mauerlänge
Chinesische Mauer: ca. 21196 km
Polenmauer: ca. 1 km

Reisebegleiter

ESSEN & TRINKEN

Eine Tasse (chinesischer) Grün- oder Jasmintee schmeckt erfrischend und tut auch noch gut. Unterwegs – darf, nach chinesischer Manier, auch im Bahnhof sein – giesst man sich die «Cup Noodles» mit heissem Wasser an. Der Trick: Deckel nur halb aufreissen, Wasser eingiessen, Deckel fürs Ziehenlassen wieder schliessen und mit der mitgelieferten Plastikgabel am Becherrand festklemmen.

FILM

Ein bildgewaltiges chinesisches Epos inklusive schön choreografierter Kampfszenen ist der Film «House of Flying Daggers», als Hongkong-Krimi wählt man «Internal Affairs» mit Andi Lau, der auch als Vorlage für den Hollywood-Film «The Departed» diente.

MUSIK

Wer sich in chinesischer Pop-Musik versuchen möchte oder Gesprächsstoff für (jüngere) chinesische Gäste braucht, hört den chinesischen Superstar Jay Chou, der auch in Filmen wie «Kung Fu Dunk» zu sehen ist. Etwas traditioneller klingt die Filmmusik von «Crouching Tiger, Hidden Dragon».

LITERATUR

In «Risse in der Grossen Mauer» von 2002 zeichnet der Autor und einstige Asienkorrespondent Jan-Philipp Sendker mittels einer Porträtsammlung ein Mosaik von China, in seinem Roman «Das Flüstern der Schatten» lässt er Hongkong zur Krimikulisse werden.

Tiàomù

Abstempeln bei:
Villa Novecento
in Locarno.

Etappe 9

Island

Einsam mit Echo: Vatnajökull am Klausenpass.

Bild – fridolinwalcher.ch / Lumax

Urnerboden

Geysir der Wahrheit

Ich nehme ein Morgenbad im Lago Maggiore, Passepartout bereitet sich mental auf die Fahrt vor. Der Weg von China nach Island führt durchs grosse Tunnel. Hinter einem bulgarischen Lastwagen her unterqueren wir die Grenze zwischen der europäischen und der afrikanischen Platte. Vor Altdorf zweigen wir ab, hoch zum Klausenpass. Am Wegrand wächst japanischer Knöterich. In Island planen Investoren einen riesigen Hafen für Frachtschiffe, die wegen der Eisschmelze neuerdings von China durchs Polarmeer fahren können, um Zeit zu sparen. Und um in Island die letzten unberührten Küstenstreifen zu vernichten. Wer hat eigentlich die Globalisierung erfunden? Und was zum Teufel hat er sich dabei gedacht? Es ist kompliziert geworden. Phileas Fogg hatte ein Notizbuch dabei, dazu «Bradshaw's continental railway steam transit and general guide» und einen Haufen Banknoten. That was it. Wir haben Handys, Laptops, etwa zehn verschiedene Kabel, Ladegeräte und Adapter, vier Kreditkarten, und, wenn keine funktioniert, natürlich Twint. Aber wehe, wir haben keinen Empfang. «Was für ein Kontrast zur simplen Wucht und Klarheit der Natur!», rufe ich aus. Wir sitzen mitten in der isländischen Einsamkeit, am Ufer des Claridensees. Passepartout seufzt. Ich habe den Steinschmätzer vertrieben. «Und wenn schon!», rufe ich, und es widerhallt an den Eismauern, «manchmal, da werde ich eben zum Geysir der Wahrheit!» Dann fangen wir beide an, zusammen mit dem Echo atonal zu singen, wie Björk zu ihren besten Zeiten. Drehen wir jetzt langsam durch? Egal. Die Wette gilt.

BILD – fridolinwalcher.ch / Lunax

Alte Seele:
Der Claridenfirn,
aufgenommen 2014

Gletscher unter Beobachtung

Text – ANNA HERBST

Nach der Rückkehr von einer Grönland-Expedition initiierte der Geophysiker Alfred de Quervain vor über hundert Jahren die Messungen am Claridenfirn. Auf keinem anderen Gletscher weltweit wird die Schmelze schon so lange ununterbrochen beobachtet.

Seit 1914 wird der Claridenfirn in den Glarner Alpen zweimal jährlich vermessen und liefert wertvolle Daten darüber, wie der Gletscher auf Klimaveränderungen reagiert. Die Veränderungen von Gletschern in der Vergangenheit sowie in der Zukunft sind Forschungsgebiet des Glaziologen Dr. Matthias Huss von der ETH Zürich.

Matthias Huss, wie wird die Gletschermessung gemacht und welche Daten werden dabei erhoben?
Im Rahmen des Schweizer Gletschermessnetzes (Glamos) werden verschiedene Variablen erhoben. Die wichtigsten sind die Massenbilanz, also die Veränderung der Eisdicke von Jahr zu Jahr, und der Vorstoss oder Rückgang der Gletscherzunge. Auf dem Claridenfirn wird die Massenbilanz seit über 100 Jahren an zwei Standorten gemessen. Dafür wird zweimal jährlich an genau den gleichen Positionen eine mehrere Meter lange Messstange ins Eis gebohrt. Daran kann abgelesen werden, wie viel Eis geschmolzen beziehungsweise wie viel Firn im oberen Teil des Gletschers dazugekommen ist. Die Messungen werden jeweils im Mai und im September gemacht.
Wer führt die Messungen durch und wertet sie aus?
Die Messungen werden von zwei Hobby-Glaziologen durchgeführt, die beide viele Jahrzehnte Erfahrung auf dem Claridenfirn haben. Die Verant-

wortung für die Messungen liegt bei Glamos, das an der ETH Zürich und den Universitäten Fribourg und Zürich angesiedelt ist. Durch Glamos wird auch die finale Auswertung der Daten vorgenommen.

Aus welchem Grund werden die Messungen von Freiwilligen durchgeführt?

Das ist historisch gewachsen. Die Freiwilligen machen das im Auftrag von Glamos und werden so für ihre Arbeit von uns finanziert. Dieses Modell wird für viele Gletschermessungen angewendet, da wir unmöglich 100 Gletscher alleine vermessen können. Beim Monitoring ist Kontinuität das höchste Gut. Deshalb war es uns wichtig, die bisherigen Beobachter zu behalten. In vielen Jahren sind wir von der ETH aber auch selbst bei den Messungen am Claridenfirn dabei.

Kann man von den Erkenntnissen vom Claridenfirn auch auf die Entwicklung anderer Gletscher schliessen oder sind diese alle sehr individuell?

Einerseits reagiert jeder Gletscher individuell auf die Veränderung des Klimas. Das hängt mit der jeweiligen Form zusammen, also zum Beispiel, ob es sich um einen steilen oder flachen Gletscher handelt und wie gross dieser ist. Wenn man Zeiträume von mehreren Jahrzehnten betrachtet, äusserst sich all das in der unterschiedlichen Geschwindigkeit des Verlustes. Andererseits sind die Schwankungen von Jahr zu Jahr durchaus vergleichbar zwischen verschiedenen Gletschern. Der Claridenfirn kann diesbezüglich als repräsentativ für das Glarnerland wie auch für die ganzen Alpen betrachtet werden. Die 100-jährigen Datenreihen haben deshalb einen hohen Wert, da sie quasi die einzige direkte Information weltweit zu dieser Variable vor etwa 1950 bieten.

Weshalb wird der Claridenfirn, anders als andere Gletscher, schon so lange regelmässig vermessen?

Dass die Messungen im Jahr 1914 begonnen und bislang ohne Unterbruch fortgesetzt wurden, ist eine Verkettung glücklicher Umstände. Unzählige Freiwillige haben die Messreihe unterstützt. Heute ist die Gletscherbeobachtung gut organisiert und die Messungen an verschiedenen Gletschern sind gesichert.

Der Gletscher schmilzt stetig – wie lange würde es in dem Tempo dauern, bis er verschwunden ist?

Schwer zu sagen. Die Unsicherheiten in der Klimaentwicklung sind gross. Der Claridenfirn ist an der dicksten Stelle noch über 250 Meter dick, und dies im oberen Bereich des Gletschers, wo er heute erst langsam an Dicke verliert. Es ist deshalb davon auszugehen, dass wir dort lokal noch bis 2080 oder sogar darüber hinaus Eis vorfinden könnten. Der Gletscher sieht dann aber komplett anders aus als heute.

Zahlen und Daten zu den Gletschern in der Schweiz können auf der Website des Schweizerischen Gletschermessnetzes eingesehen werden. glamos.ch

Der See im Claridenfirn hat noch keinen Namen – wer hat eine schöne Idee?

BILD – fridolinwalcher.ch / Dukas

Vatnajökull am Clariden

Die Stille, sie ist ein Rumpeln. Ein Donnern. Ein Plätschern. Ein lautes Pflatschen, eine sanfte Welle. Beim Claridensee wird Theater gespielt. Vor spektakulärer Kulisse wird Wissenschaft aufgeführt, mit vielen Spezialeffekten. Mit eisiger Luft, die empor steigt, mit dem Geschmack von Erde, Schnee und Geröll, der die Nase kitzelt. Und mit einem Bühnenbild, das eindrücklicher nicht sein kann. Wird im Tal viel über Klimaerwärmung gesprochen, ist sie hier erlebbar. Hörbar, sehbar. Direkt, unverblümt, ohne Wenn und Aber. Denn hier entstand vor gut dreissig Jahren ein kleiner Gletschersee. Weil der Claridengletscher sich zurückzog, sammelte sich hinter der Moräne, die die Eismassen einsam zurückliess, Wasser und liess den kleinen See entstehen. Das Gletscherstück, das den See nährt und dessen hinunterfallende Eisbrocken zum besonderen Klangbild beitragen, liegt Rücken an Rücken mit dem Claridenfirn. Dieser ist für die Glarner Alpen, was der isländische Vatnajökull für Europa ist: nämlich der grösste Gletscher. Er war nicht nur bei der Entstehung des Gletschersees dabei, der in offiziellen Karten meist namenlos ist und umgangssprachlich Clariden- oder Griesslisee gennant wird, er ist auch Hauptprotagonist der Gletschervermessung, die seit 1914 gemacht wird und weltweit die längste ununterbrochene Messung der Eisschmelze ist. Initiiert wurde sie vom berühmten Geophysiker de Quervain, der sich nach der Rückkehr seiner Grönland-Reise dafür einsetzte, auch Schweizer Eis zu erforschen. Heute werden die Daten vom Schweizerischen Gletschermessnetz (Glamos) ausgewertet. Während am See das tragisch-schöne Stück weiter donnert und die verletzliche Schönheit auf die Bühne holt. Man schaut mit Gänsehaut zu und wünscht, dass der Firn das Spiel nie verlässt.

48 Stunden um den Klausenpass

Vorbereitung: Tim Krohns «Quatemberkinder» erzählt von unsichtbaren Wesen in den Glarner Bergen.
❶ **Feuer & Eis:** Der Besuch beim Gletschersee ist eindrücklich. Die Steinlandschaft lädt ein, kleine Feuerstellen zu bauen, um sich Feuer und Eis hinzugeben.
❷ **Übernachten:** In der Claridenhütte am Fuss des Gletschers.
❸ **Gullfoss:** Der Berglistüber in Linthal ist ein imposanter Wasserfall. Vorsicht auf den Waldwegen: Unbedingt nicht durch ein Elfenheim trampeln.
❹ **Fotografie:** Im Linthaler Bilderlager des Fotografen Fridolin Walcher lassen sich auf Voranmeldung Gletscherwelten sehen.
❺ **Tölt:** In Engi hält Salome Siegenthaler Isländerpferde, die einzigen Pferde, die nebst Schritt, Trab und Galopp auch Pass und Tölt können. Wer den Abstecher ins benachbarte Sernftal nicht scheut, kann durch das Tal tölten.

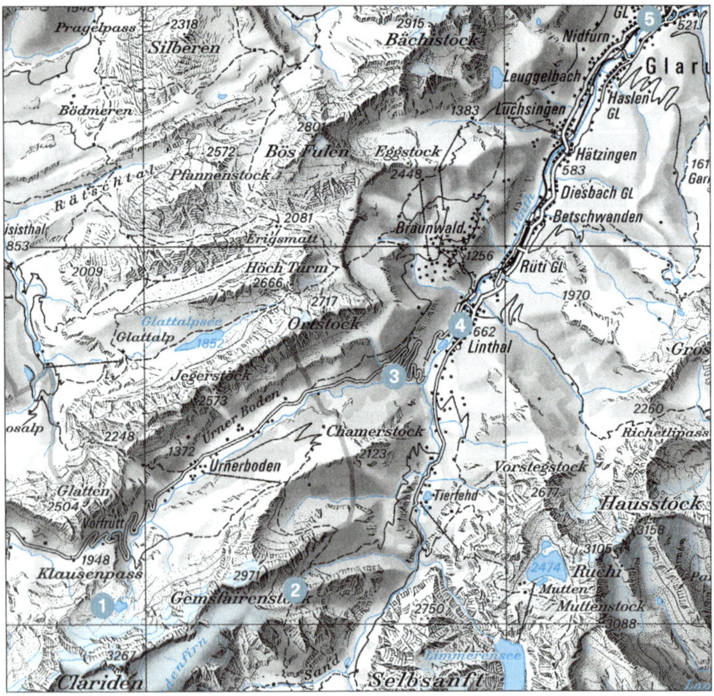

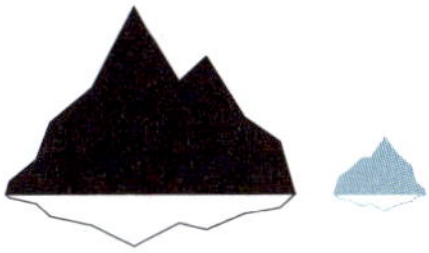

Grösse
Vatnajökull: 7900 km²
Claridenfirn: 4,5 km²

Reisebegleiter

MUSIK
Man glaubt in den zarten Klängen von Ólafur Arnalds Islands verträumte Landschaft zu hören, die in ihrer eigenwilligen, wilden und zerbrechlichen Schönheit eine Art Zwischenwelt zu sein scheint. Stilistisch wird die Musik irgendwo zwischen Indie, Neo-Klassik und elektronischer Musik eingestuft. Aber wen interessiert das schon, wenn man seinen Ohren folgt und zu schweben beginnt. Den Ohren etwas vertrauter klingt die Musik von Of Monsters and Men.

FILM
«Of Horses and Men» heisst der Film des isländischen Regisseurs Benedikt Erlingsson, der weltweit an verschiedensten Filmfestivals gezeigt und gelobt wurde. Die einen lieben den Film für den subtilen, oft derben Humor, anderen ist es dann doch eine Stufe zu grob. Etwas zugänglicher, wenn auch nicht weniger witzig ist vielleicht sein Film «Women at War» über eine heimliche Klimaaktivistin. Aber abgesehen von den aussergewöhnlichen Geschichten: Die Filme lassen mit traditioneller Musik und wunderschönen Aufnahmen tief in die Seele Islands blicken.

LITERATUR
Island ist ein Land der Geschichten. Die wilde, von Elfen besiedelte Natur spiegelt sich in Erzählungen wieder. Wer ganz in die Sagenwelt abtauchen will, wagt sich an die Edda – eine Sammlung, die auch Tolkien inspiriert hat. Zeitgemässer ist Hallgrimur Helgason, dessen Kult-Bestseller «101 Reykjavik» auch verfilmt wurde.

Innganga

Abstempeln im:
Bilderlager von Fridolin Walcher
in Linthal.

Etappe 10

Holland

Ferien im Leuchtturm? Mit einer Spende gibt's den Schlüssel, lebenslang.

Bild – Jon Bollmann

Oberalppass

In den holländischen Bergen

In Andermatt hat Passepartout letztes Jahr einen Karmingimpel gesehen, eingeflogen aus Indien. Vor lauter ins Gebüsch schauen fährt sie beinahe in den Hotelkomplex des ägyptischen Investors. Kein Karmingimpel. Nach Holland geht es den Berg hoch. Ich erzähle Passepartout die Geschichte von Franz Hohler, woher die Berge in die Schweiz kamen. Aus Holland nämlich, wo sie nicht wussten, was sie mit all den Bergen anfangen sollten, und weil bei uns alle Skilifte flach waren. Passepartout grinst. Dann zieht dichter Nebel auf. Endlich, durchs wattige Weiss hindurch: ein schwaches rotes Licht. «Der Karmingimpel!», ruft Passepartout. «Quatsch», sage ich, «der Leuchtturm.» – «Leuchtturm? Fahren hier etwa Schiffe umher?» – «Das ist symbolisch. Der Rhein fliesst von hier bis Holland.» Passepartout stöhnt. Spätestens seit dem Paxmal kann sie Symbole nicht mehr ausstehen. Ich schaue mir den Leuchtturm an, sie bleibt im Wagen. Als ich zurückkomme, steckt sie gerade einen Zettel in eine leere Flasche. «Eine Flaschenpost?» Passepartout nickt und wirft sie in den nächsten Bach. Wir fahren mit dem Autoverlad durch den Furka. Wir machen das zum ersten Mal und sind kräftig aufgeregt. Zum Glück steht auf dem Ticket, was man zu tun hat: den ersten Gang einlegen, die Handbremse ziehen – und SRF 1 hören. Und was kommt aus dem Radio, während wir im Dunkeln durch das gespenstische Loch brettern? The Nits. «In the dutch mountains». Und woher kommt der Zeltplatzchef im «Augenstern» in Reckingen? Aus Holland. Wir erzählen ihm vom Leuchtturm. Er macht grosse Augen.

Bild — Keystone/Alessandro Della Bella

Holländisches Gras?
Oder die Seelandschaft
am Oberalppass?

Wo das Land aufhört

Text – Jon Bollmann

Wenn der Wind auffrischt und der kleine Leuchtturm rotes Licht ins Nichts wirft, dann fühlt es sich an, also ob die Nordsee zum Oberalppass hinauf wogen würde. Der Oberalppass ist ein grosszügiger Übergang: breit und weit, mit Sicht aufs Wasser hinaus. Allerdings sind die Dimensionen des Oberalpsees überschaubar und rechtfertigen kaum den Bau eines Leuchtturms. Was macht der also hier oben, 2044 Meter über seinem angestammten Arbeitsplatz? Auf der Suche nach Antworten stossen wir auf Otto Jolias Steiner. Der kreative Querdenker aus Sarnen entwickelt für seine internationalen Kunden Raumerlebnisse, die Freude machen: Seine Installationen sind nicht einfach selbstverliebte «Positionen», sondern kluge Kunstwerke, die auf liebevolle Art und Weise eine Geschichten erzählen.

Etwa diejenige vom Rhein, als dessen Quelle landläufig der Lei da Tuma genannt wird. Vor dem Bau des Leuchtturms war dies nur wenigen Leuten klar. So entstand die Idee, ein ausrangiertes Lastschiff von 100m Länge nach einem langen Leben auf dem Rhein hier zur Ruhe kommen zu lassen. Bis Basel hätte es schwimmen dürfen, dann hätte man es in 30 Scheiben geschnitten und per Konvoi auf 30 Lastwagen in der richtigen Reihenfolge dem Rhein entlang auf den Pass gefahren. Oben angekommen wären die Schiffscheiben rund um die Passhöhe arrangiert worden und würden heute vom Leben weiter unten am Fluss berichten. Als der Neat-Durchstich bevorstand und 120 Journalisten aus aller Welt nach Sedrun reisten, war die Finanzierung des Projektes noch nirgends. So entschlossen sich die Initianten rund drei Monate vor dem grossen Tag spontan für den Plan B: den Leuchtturm. Das Schiff wurde solange in die Warteschlaufe geschickt.

Als Vorbild für den Leuchtturm diente «Het Lage Licht». Dies «Schwache Licht» war der letzte Leuchtturm an der Rheinmündung in Hoeck van Holland. Er wurde 1893 gebaut und 1977 ausser Dienst gestellt. Heute steht er im Maritiem Museum in Rotterdam, wo er einer der Publikumslieblinge in der riesigen Sammlung des Hauses ist. Aufgrund der Pläne des Museums wurde dann in Windeseile eine Replika gebaut, die dem Original zum Verwechseln ähnlich sieht. Nur etwas kleiner ist er, der höchst gelegene Leuchtturm der Welt. Rund 20 Prozent fehlen ihm auf seinen Cousin in Holland. Dafür war er in Rekordzeit gebaut und konnte quasi als Rahmenprogramm des Tunneldurchstiches im Beisein von hunderten Gästen feierlich eröffnet werden. Seither überrumpelt er nichtsahnende Wanderer und Vorbeiziehende mit seinem roten Licht und regt dazu an, über die grossen Zusammenhänge zu sinieren.

Wer seine Gedanken gerne schweifen lässt, für den bietet die Landschaft rund um die Passhöhe wunderbare Möglichkeiten für Gedankengänge – und mit dem Tomasee ein symbolträchtiges Wanderziel. Denn hier soll ja der Rhein her kommen, dieser sagenhafte Riese, der vom See geboren wird, über 1233 km zu einem mächtigen Strom heranwächst und schliesslich in Holland in die See mündet. Er ist einer der grössten Flüsse Europas und eine der wichtigsten Wasserstrassen der Welt. Beim Besuch seines Ursprungs strömen die Gedanken unweigerlich talabwärts und zu all den Leuten, die an und von diesem Wasser leben. Wie würde es der Schweiz ergehen, wenn die wichtigste Wasserstrasse des Landes anstatt in die Nordsee zum schwarzen Meer führen würde? Was wäre, wenn dem Rhein kein Wasser entnommen werden dürfte? Oder wenn die Schiffahrt darauf verboten wäre?

Wer alle Fragen beantwortet, hat sich ein erfrischendes Bad im versteckten Lei da Tuma redlich verdient. Sein Name leitet sich aus dem italienischen «Tumba» ab und bedeutet Grab oder Mulde, denn in einer ebensolchen ist er gelegen. Das Gebiet ist im Bundesinventar der Landschaften und Naturdenkmäler von nationaler Bedeutung und lädt mit grossen warmen Felsen zur Rast ein.

Jon Bollmann ist stolzer Besitzer eines Leuchtturmschlüssels und geht jährlich auf den Oberalppass, um Ausschau zu halten. Er ist sich sicher, ein Schiff wird kommen.

12 Stunden auf dem Oberalppass

1 Vom Wohnmobil-Standplatz neben dem **Leuchtturm** führen zahlreiche Wanderwege ins tosende Hochgebirge.
2 Die Rheinquelle beim **Tomasee** ist nur 1.5h vom Pass entfernt und eine Wanderung wert.
3 Wer nur einen Tag hat, gönnt sich den Rundweg über den aussichtsreichen **Pazolastock** und die gemütliche 4 **Badushütte.**
5 Abenteurer mit mehr Zeit ziehen danach weiter entlang dem Vier Quellen-Weg zur **Vermigelhütte**. Die Route ist 85 km lang und führt in 5 Etappen zum Ursprung von Reuss (Lucendropass), Ticino (Nufenenpass) und Rhone (Gletscher). Als Wegzehrung empfehlen wir die feinen Backwaren von 6 **La Conditoria** in Sedrun oder Urner Spezialitäten aus der 7 **Metzgerei Muheim** in Andermatt. Wer in Klompen unterwegs ist, bestellt in der **Ustria Alpsu** feinen Capuns.

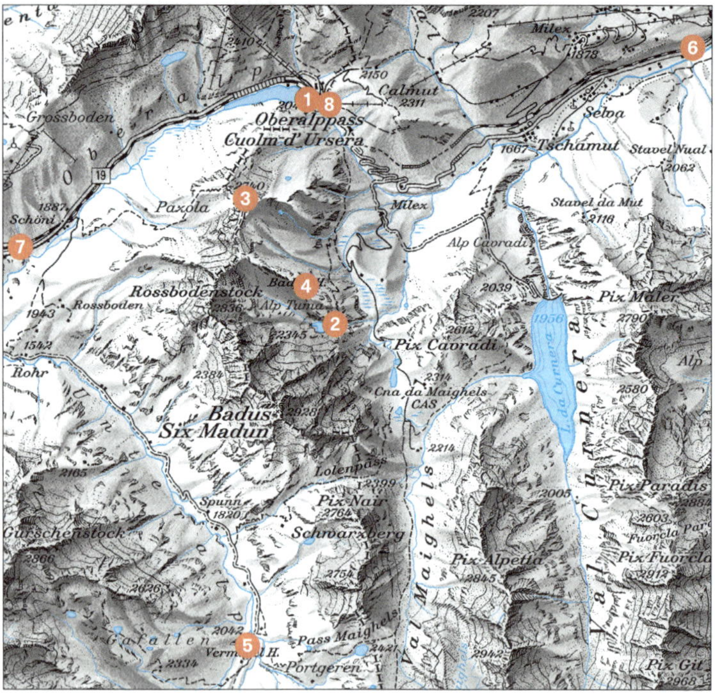

Leuchttrum-Höhe
Maasvlakte-Leuchtturm: 66 m
Oberalppass-Leuchtturm: 14 m

Reisebegleiter

KENNZEICHEN
Um einen richtig holländischen Tag zu erleben, empfehlen wir **orange Kleidung**, lustige Brillen und Perücken, denn die Holländer sind eigentlich stets partybereit. Wer mit dem Auto und vielleicht sogar noch mit einem Wohnwagen im Schlepptau anreist: unbedingt sehr **langsam fahren**.

MUSIK
Leider mag der Holländer Techno und Gabber. Auch **Heintje** gehört zur holländischen Musikgeschichte. Doch mit dem **Kilimanjaro Darkjazz Ensemble** und den schrummelnden **Blaudzun** finden sich zwei junge holländische Bands, die uns hoffen lassen. Und natürlich das schöne Stück **«In the dutch mountains»** von **The Nits**.

KUNST
Die Holländer sind von **Hieronymus Bosch** über **Rembrand** und **Van Gogh** bis zu **M.C. Escher** begnadete Maler, deren Werke man auch in den heimischen Kunstmuseen bewundern kann. Einer der genannten war sogar mit einer Schweizerin verheratet.

ARCHITEKTUR
Der holländische Stararchitekt **Rem Kohlhaas** hat im Hotel Furkablick unweit der Passhöhe seine Spuren hinterlassen. Ein guter Grund für einen Kaffeehalt.

LITERATUR
«Die Entdeckung des Himmels» des ebenso humorvollen wie tiefgründigen **Harry Mulisch** oder ein Reisebericht von **Cees Noteboom**.

Immigratie

Abstempeln bei:
Ustria Alpsu
OBERALPPASS

Etappe 11

Griechenland

BILD – Marcus Gyger

Val d'Hérens

Alles fliesst!

«Schau nur, da sind sie!», ruft Passepartout. Es gibt nur etwas, das sie gleichermassen liebt wie Vögel, und das sind Esel. Die drei Esel in Biel im Obergoms haben wir zum letzten Mal im tiefen Winter gesehen, Ende Februar. Die Aussicht auf Griechenland stimmt mich irgendwie philosophisch. «Beim Zeus, Passepartout», sage ich. «Schau dir die Esel an. Sie stehen da, als ginge sie der ganze Wahnsinn in der Welt nichts an.» – «Was ja auch stimmt», sagt sie. Na ja, ein Sokrates fällt nicht vom Himmel. Aber ich bekomme eine zweite Chance: Vor uns fährt ein Betonmischer mit der Aufschrift «Group Constantin». «Und wehe den Menschen, die sich gottgleich geben! Im Hades werden sie enden, auf ewig geplagt von den Erinnyen!» Passepartout verdreht die Augen. Ich werte das als Steigerung. An der Strasse ins Val d'Hérens steht ein Achtung-Schild, darauf steht: «Risques naturels». «Denn was ist der Mensch anderes als ein Würstchen, wenn Zeus beliebt, seine Blitze auf die Erde zu schleudern!» In diesem Augenblick fahren wir an einem lastwagengrossen Felsbrocken vorüber, der die halbe Strasse bedeckt. Ein Arbeiter versucht ihn zu teilen, mit einem läppischen Pressluftbohrer. «Und ja, auch die Felsbrocken auf den Erdsäulen werden irgendwann hinunterfallen. Panta rhei! Alles fliesst!» Passepartout hat inzwischen in Evolène, im Dorfladen Metrailler, einen griechischen Bergtee gekauft. «Hier, trink, das beruhigt.» – «O Passepartout», rufe ich. «So reiche mir den Schierlingsbecher!» – «Höchste Zeit, dass wir hier rauskommen», murmelt sie und startet den Motor.

Die Erdpyramiden von Euseigne
sind 10 bis 15 Meter hoch.
Die steinernen Schutzkappen
sind bis zu 20 Tonnen schwer.

Bild – Adobe Stock

Erdpyramiden von Euseigne

Beim Zeus! Wer hat denn die bizarren Felsformationen in der trockenen Walliser Hitze erschaffen? Hatten die Götter ihre Finger im Spiel? Fast. Denn tatsächlich spielte sich vor einigen Jahren am Zusammenfluss der Täler von Hérémence und Hérens ein gewaltiges Drama ab: Zwei Gletscher schoben sich ineinander und drückten das lose Gestein ihrer Seitenmoränen mit der Kraft von zwei 1000 Meter dicken Eisschichten gegeneinander. Das lose Gesteinsmaterial wurde dadurch zu einer äusserst harten, verkitteten Masse zusammenpresst, die ob Ihrer Konsistenz auch als Betonmoräne bezeichnet wird.

Seit dem Ende der letzten Eiszeit und dem Abschmelzen der Gletscher, welche links und rechts dieser Formationen ins Tal flossen, ist das heterogene Moränenmaterial der Witterung durch Wasser und Wind ausgesetzt. So wird es nach und nach abgeschliffen, davongeschwemmt und in alle Winde geblasen. Geblieben sind nur einige Partien, die von grossen Felsbrocken geschützt werden. Diese steckten einst zusammen mit dem ganzen restlichen Schotter in der gepressten Moräne, von der sie aber mittlerweile befreit sind. Dank ihrer Grösse und ihres Gewichtes von bis zu 20 Tonnen bilden die nur langsam erodierenden Brocken «Schutzkappen» vor den Elementen, die das darunterliegende Material stetig zusammenpressen und festigen. So sind hier elegante Erdpyramiden entstanden, welche 10 bis 15 Meter hoch aufragen und an die mysteriösen Landschaften von Meteora in Griechenland erinnern. Oder an die eigenwilligen Formationen an den von Wind und Wetter gezeichneten Küsten der Ägäisinseln. An einer Stelle wurde sogar ein Tunnel durch die Erdpyramiden gebohrt, durch den man direkt in die griechische Götterwelt eintreten kann.

24 Stunden rund ums Val d'Hérens

Geduldige Kulturliebhaber tauchen schon am Vorabend mit einem Film von Theo Angelopoulos in die greischische Welt ein.
Bei der anstehenden Anfahrt zu den ① **Erdpyramiden** von Euseigne legt Eleni Karaindrou einen dramatischen Klangteppich aus, man fährt man mitten durch die Felsen und weiter ins sagenhafte Grand Hotel ② **Kurhaus Arolla** ganz hinten im Tal. Gut ausgeruht gibt es dann anderntags eine wunderbare Wanderung auf die aussichtsreiche ③ **Alp Mandeolon**, wo die eringischen **Minotauren** weiden und die Hörner kreuzen.
Zum Spektakel gibts ein kleines Gelage mit Spezialitäten der ④ **Epicerie de La Sage** in Evolène.
Vor der Heimreise bezwingt der Olympionike noch die Staumauer ⑤ **Grand Dixence** und tankt im griechischen Restaurant ⑥ «**Le grand bleu**» in Conthey griechischen Wein.

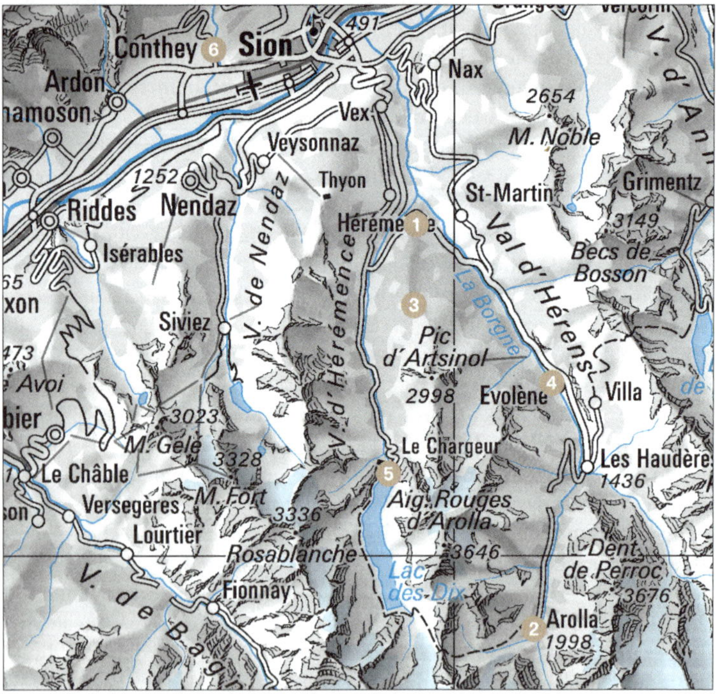

Lieblingsspeise
Minotaurus: Menschenopfer
Eringer Stier: Frisches Gras

Reisebegleiter

MUSIK
Der zurückhaltende und mehrfach ausgezeichnete Jazz von Eleni Karaindrou erscheint im ECM Label. Sie hat für Theo Angelopoulos magische Filmmusik geschrieben und auch Christian Freis «War Photographer» vertont.
Der bekannteste griechische Musiker ist vermutlich Vangelis.
Für den griechischen Tag empfiehlt sich seine Filmmusik für «El Greco» und «Conquest of Euseigne».
George Michael, der eigentlich Georgios Kyriacos Panagiotou hiess, hat unweit von hier in Saas Fee das Video zu Last Christmas aufgenommen.

DIONYSOS
Nirgends in der Schweiz ist Dionysos so glücklich wie im Wallis. Dabei geniesst er vor allem die lokalen Weine, die ausschliesslich im Wallis wachsen und unbedingt verkostet werden müssen. Die bekanntesten davon sind die weissen Weine «Petite Arvigne» und «Heida», sowie die roten Weine «Diolinoir» und «Cornalin».

KUNST
Der griechische Magnum-Fotograf Nikos Economopoulos ist ein Grossmeister der Street Photography. Wer mutig ist, wirft vor der Abreise einen Blick auf sein Werk und versucht sich dann selber in der hohen Kunst.

LITERATUR
In griechischen Tragödien gerät der Protagonist in eine ausweglose Lage, aus der er nicht schuldlos herauskommen kann. Das Schicksal ist unausweichlich ...

Eísodos

Abstempeln bei:
Restaurant «Le grand bleu»
in Conthey.

Etappe 12

San Francisco

Half way to hell:
Die Golden Gate Bridge von Niouc.

BILD — Wallis Tourismus

Val d'Anniviers

Der fliegende Hippie

Passepartout hat auf ihrem Handy einen sogenannten «Bird-Alert» installiert. Wenn jemand in Diepoldsau einen Gelbspötter sichtet oder eine Weissbartgrasmücke in Leuk, dann piepst es aus ihrem Handy. Das heisst, es piepst nicht einfach, sondern es piepst eine Vogelstimme. Sie gehört dem seltenen Bienenfresser, im Unterwallis zu finden. «Schau ihn dir an!», sagt sie und hält mir das Vogel-App vor die Nase. «Das ist der Hippie unter den Vögeln!» Wir fahren Richtung San Francisco, zur Golden Gate Bridge. Ich überlege mir kurz, ob ich bewusstseinserweiternde Substanzen zu mir nehmen soll, um über diese Brücke zu gehen. Oder griechischen Bergtee. Oder mindestens Blumen ins Haar stecken. Passepartout braucht das alles nicht, sie singt einfach ganz laut Scott McKenzie vor sich hin. Ich betrete mit weichen Knien die Brücke. Als sie die Golden Gate Bridge bauten, habe ich gelesen, haben sie Netze montiert, um herabfliegende Arbeiter zu retten. Die Gruppe der Geretteten nannte man den «Half Way to Hell Club». Ich bin auf halbem Weg über die Hölle, als ich dummerweise nach unten schaue. Mir wird sofort schwindlig, mein Blick verschwimmt. Als ich wieder geradeaus schaue, kommt ein Känguru auf mich zugehüpft. Ich hüpfe zur Seite – und schrecke hoch. «Bienenfresser!» ruft Passepartout. Wir sind längst am Fahren, ich muss kurz eingenickt sein. Tatsächlich: Durchs Gebüsch am Strassenrand fliegen drei Bienenfresser. Wir fliegen mit 100 Stundenkilometern vorbei, wenden unmöglich. Aber Passepartout strahlt, bewusstseinserweiternde Substanzen nichts dagegen.

Die 1934 eröffnete Golden Gate Bridge ist mit 227m Höhe nur 37m höher als die Niouc-Brücke, welche bis 1929 die höchste Hängebrücke der Welt war.

Bild – KEYSTONE/Gabriel Monnet

If you're going to Niouc

Die Pont de Niouc, auch «Pont de l'Araignée» genannt – die Spinnenbrücke –, überspannt den plätschernden Fluss Navisence zwischen dem Weiler Niouc und dem Dorf Vercorin. Auf 190 Metern Höhe schimmert sie in leuchtendem Rot zwischen den steilen Hügeln hervor und durch die dichte Vegetation. Von weither, wenn man die Grösse der Brücke noch nicht ganz abschätzen kann, sieht sie der berühmten Golden Gate Bridge zum Verwechseln ähnlich. Auch diese überspannt ein Gewässer und verbindet bewaldete Hügelzüge: das Marin County mit dem Napa- und Sonoma-Valley. Die Pont de Niouc wurde zum Zweck der Wasserversorgung der Ortschaft Briey gebaut.

Sie besteht aus einer Wasserleitung und einer darunter verlaufenden Fussgängerbrücke. 1922 wurde sie als Teil eines ausgeklügelten Wasserversorgungssystems gebaut – für ihre «Bisses» sind die Walliser ja bekannt. Was bauliche Superlative angeht, steht die Brücke ihrer kalifornischen roten Schwester in Nichts nach: 1929 war die Pont de Niouc die höchste Brücke der Welt und immerhin bis im Sommer 2017 die höchste des Landes. Die Golden Gate wiederum war bei ihrer Eröffnung die längste Hängebrücke der Welt. Über die Jahre wurde der hölzerne Boden der Pont de Niouc wurmstichig und faul und das Überqueren zu gefährlich. Deshalb wurde 1988 die Vereinigung der «Freunde der Hängebrücke von Niouc» gegründet, um die Brücke als baulichen Zeitzeugen zu schützen und zu erhalten. Nach einer gründlichen Renovation konnte die rote Brücke 2017 wieder eröffnen. Seither hört man – das hat sie ihrem kalifornischen Pendent voraus – regelmässig das Jauchzen der Bungee-Jumpenden, die sich an einem Seil waghalsig in die Tiefen der Schlucht stürzen.

24 Stunden rund ums Val d'Herens

Reisevorbereitung: Road-Trip-Feeling kommt auf, wenn man sich den Klassiker «Thelma & Louise» anschaut, idealerweise im Autokino. ❶ **Gaumenfreude:** Im La Puchotaz einen saftigen Burger schnabulieren, dazu gibt's frisches Bier von La Music'Ale. ❷ **Kulturexkurs:** Die kurvige Fahrt durch das Val d'Anniviers ist das reinste Abenteuer. Unterwegs ist das herzige Dörfchen Fang einen Besuch wert. ❸ **High Flight:** Den Jump von der Hängebrücke von Niouc wagen oder für fünf Franken Bridge-Fee darüber spazieren. ❹ **Camping:** Im Hotel Arkanum in einem Weinfass nächtigen oder auf dem Camping Monument im Pfynwald. ❺ **Wildnis:** Tags darauf durch den Pfynwald zum Illgraben mit seinen gewaltigen Geschiebemassen wandern. ❻ **Kulturerbe:** Im Château de Villa in Sierre prickelt der Wein in fast kalifornischer Frische.

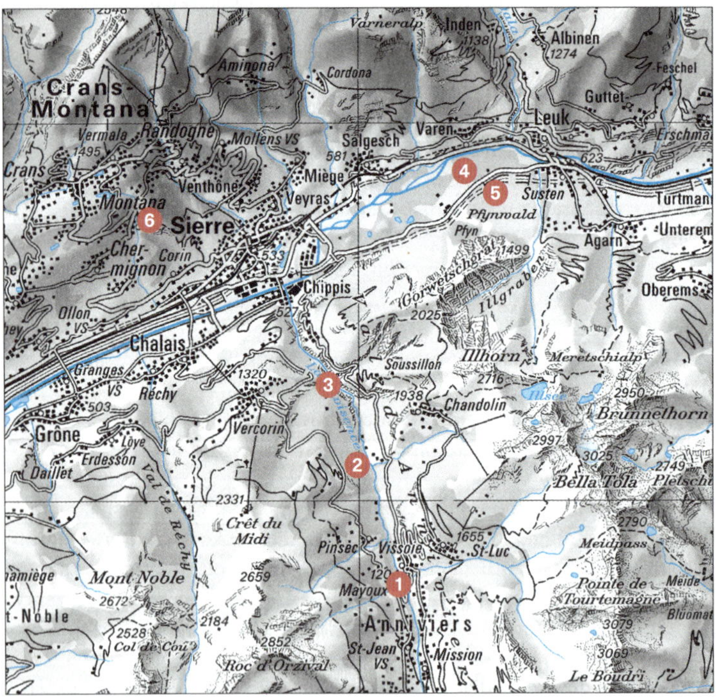

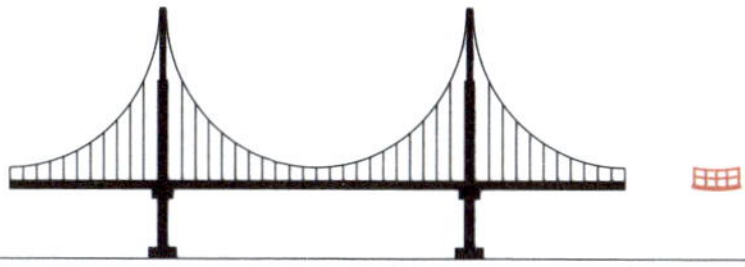

Brückenlänge
Golden Gate Bridge: 2737 m
Pont de Niouc: 200 m

Reisebegleiter

MUSIK

Nie aus der Mode kommen «The Mamas & Papas» mit ihrem Traum von Kalifornien sowie von Scott McKenzie gesungenes «San Francisco». Geschrieben und veröffentlicht im Juni 1967, ist der Song eine Ode an den Roadtrip. Dabei McKenzie folgen und Blumen in die Haare stecken.

CABLECAR

Die Schweiz ist das Land der Bahnen. Wer mit der VerticAlp Emosson von Le Châtelard im Trient-Tal mitten hinein ins Herz des Espace Mont-Blanc fährt, der ist in ähnlich steilem Winkel unterwegs wie die Bahnen der amerikanischen Küstensadt.

KULINARIK

In San Franciscos legendärer Tartine Bakery tüftelte Chad Robertson zusammen mit anderen Bäckern am heute so hippen Sauerteig. Die San Franciscoer stehen dafür Stunden an. Reduce to the max, heisst die Devise: Auf Hefe verzichten und ausschliesslich mit Mehl, Wasser und Salz arbeiten. Ein feines Rezept dazu gibt es von der Zürcher Köchin Anna Pearson.

LEBENSGEFÜHL

Mark Twain soll einmal gesagt haben: «Der kälteste Winter, den ich je erlebt habe, war ein Sommer in San Francisco.» Die Bewohner von San Francisco nennen den gespenstigen Schleier, der die Golden Gate Bridge manchmal sogar fast zum Verschwinden bringt, gerne den «nassen Nebel».

Immigration

Abstempeln bei:
Bungy Niouc
an der ROUTE D'ANNIVIERS.

Etappe 13

Argentinien

Papaya, Mango, Kaki:
Die Iguazu-Fälle im Simmental.

BILD – Adobe Stock

Lenk

Bei der Saftquelle

Aufgewacht sind wir in Reckingen, dann waren wir in Griechenland, nachher in San Francisco, jetzt fahren wir durch den Lötschberg-Autoverlad weiter nach Argentinien, was nur geht via Spiez. Passepartout stöhnt hinter dem Steuerrad. «Durchhalten, Passepartout! Die Wette gilt!» Am nächsten Morgen gehen wir zu Fuss hoch zu den Iguazú-Fällen. Das Wasser kommt breit und geheimnisvoll aus dem Karst hinaus gestürzt. Wir sitzen am Flussufer. «Stell dir vor, das wäre Papayasaft», sage ich. «Papayasaft?» – «Warum nicht. Schliesslich sind wir in Südamerika. Da soll gefälligst Papayasaft fliessen.» – «Und wie willst du das machen?» Ich zucke mit den Schultern. Da reisst Passepartout den Feldstecher hoch. Ein leuchtend gelber Vogel fliegt vorüber. «Gebirgsstelze!» – «Ach was!», rufe ich. «Papagei!» Da plötzlich spuckt und brodelt es ganz eigenartig aus dem Felsschlitz, und in breitem Strahl schiesst leuchtend gelber Saft aus dem Berg. Ich halte den Finger hinein und schlecke dran. Tatsächlich: Papaya. Wir trinken aus dem Fluss, bis es uns beinahe schlecht wird. Da fliegt der Papagei wieder vorüber. «Maracuja!», ruft Passepartout. Wieder spuckt und brodelt es aus dem Karst. Leuchtend gelber Maracujasaft! «Mango!», rufe ich. «Ananas!», ruft Passepartout. Betrunken vor Fruchtsaft fahren wir weiter. Die Wiesen unten im Tal leuchten alle knallgelb. Passepartout erbleicht. «Papayasaft?!» – «Löwenzahn», sage ich, ohne mit der Wimper zu zucken. «Überdüngt. Auf nach Russland.» Beim Château d'Aigle entdeckt Passepartout einen Bluthänfling. Seine Brust ist leuchtend rot.

Der Name Iguazú hat seinen Ursprung in den guaranischen Worten «y» für Wasser und «guasu» für gross.

BILD – Adobe Stock

Die sieben Brünnen der Simme

Zuhinterst im Simmental auf der Alp Rezliberg ragt eine imposante Kalksteinwand in die Höhe und bildet den plötzlichen Abschluss des Tals. Hier, am Fusse des Wildstrubels, findet die 55 Kilometer lange Simme ihren Anfang. Hier enstand auch ihr Name. Über eine Breite von 30 Metern quillt das Wasser aus Gesteinsspalten – an sieben Stellen, weshalb der Wasserfall den Namen Siebenbrünnen trägt. Aus «Sibe Brünne» entstand die Bezeichnung «Sibne» für den Fluss und daraus schliesslich «Simme».

Das Wasser, das hier munter aus dem Felsen sprudelt und sich auf seinen Weg in Richtung Thunersee macht, ist versickertes Schmelzwasser, das vor allem vom Gletscher zwischen dem Wildstrubel und dem Rohrbachstein stammt. Zu Spitzenzeiten im Sommer fliessen hier gerne bis zu 2800 Liter Wasser pro Sekunde! Trotz der Wassermassen strahlt der Ort eine besondere Ruhe aus, was gewisse Zeitgenossen dazu verleitete, das Fleckchen Erde als Kraftort zu bezeichnen, also einen Ort mit speziellen Energien. Ob man dem Glauben schenken möchte oder nicht, ist jedem selber überlassen; dass es sich bei den idyllisch ins Grün eingebetteten Siebenbrünnen um eine Naturschönheit handelt, muss hingegen nicht diskutiert werden.

Folgt man dem Lauf der Simme, geht es unterhalb der Alp Rezliberg plötzlich deutlich wilder zu und her. Über eine Höhe von 200 Metern rauscht der Fluss laut tosend in mehreren Kaskaden über die Felsen hinunter. Betrachtet man dieses Schauspiel von der Barbarabrücke aus, dem Damm vor dem Wasserfall, der das Tal vor Hochwasser schützen soll, kann es gut sein, dass man die Brücke auf der einen Seite trocken betritt und auf der anderen triefend nass wieder verlässt.

Ein Tag im Simmental

1 **Wasserfälle:** Von Oberried aus der Simme entlang tiefer ins Tal hinein wandern und bei den Hofläden feinen Proviant einkaufen. Schon von Weitem sind die Simmenfälle zu hören und beim Näherkommen fühlt man die aufgewirbelten Wassertropfen auf der Haut.
2 **An der Quelle:** Sich bei den Siebenbrünnen ins Gras setzen und das wohlverdiente Picknick verspeisen.
3 **Bergwärts:** Zurück im Dorf mit der Gondel auf den Betelberg gleiten und beim Alp-Klavier neben der Bergstation in die Tasten hauen, um der Konstruktion eine Melodie zu entlocken.
4 **Bunte Wiesen:** Auf dem Alpenblumenweg Betelberg die Vielfalt der Alpenflora kennenlernen.
5 **Wind in den Haaren:** Jauchzend mit dem Trottinett ins Tal sausen.
6 **Lodge-Zauber:** In der Lenk Lodge in die weichen Federn fallen und morgens das hübsche Frühstück geniessen.

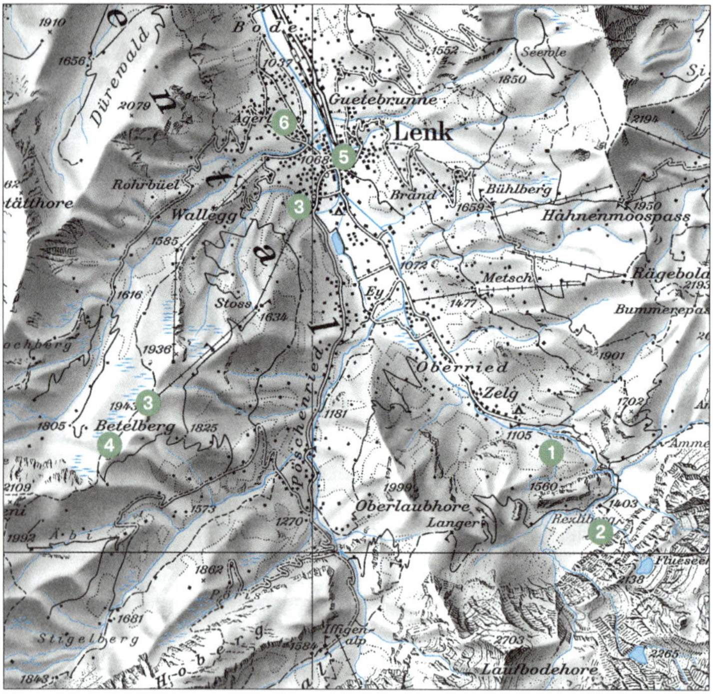

KARTE – © swisstopo (JM190029)

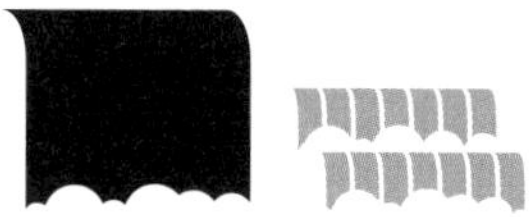

Wasserfallbreite
Iguazú-Wasserfälle: 2700 Meter
Siebenbrünnen: 30 Meter

Reisebegleiter

KULINARIK

Während Mate-Tee in der Schweiz wohl eher noch zu den ausgefallenen Getränken zählt, ist der Aufguss aus den grünen Blättern in Argentinien das Nationalgetränk. Wird der Tee mit kaltem Wasser aufgegossen, wird er Tereré genannt. Rind-, Schaf- und Schweinefleisch sind Grundzutaten der argentinischen Küche. Beim nächsten Grillabend darf man also gerne auch mal ein grösseres Stück Fleisch auf das heisse Eisen legen. In Argentinien nennt sich das Zusammenkommen zu einem Grill-Plausch «Asado» und ist besonders an Sonntagen eine beliebte Beschäftigung.

LITERATUR

Buenos Aires gilt als Hochburg der lateinamerikanischen Literatur. Viele Verlage sind hier angesiedelt, es gibt unzähligeBuchhandlungen und die Buchmesse «El Libro» zieht jedes Jahr bis zu einer Million Besucher an. 2016 wurde sie vom argentinischen Schriftsteller Alberto Manguel eröffnet. Dieser liebt das Lesen so sehr, dass er ihm mit «Eine Geschichte des Lesens» gleich ein ganzes Buch widmet.

SPORT

Argentinien ist eine Fussballnation. Zweimal wurden sie Weltmeister, mit Diego Maradona und Lionel Messi dürfen die Argentinier gleich auf zwei Fussballlegenden stolz sein. Selbst wenn man etwas weniger talentiert ist als die beiden Herren, macht es durchaus Spass, einen Ball auf einer grünen Wiese hin und her zu dribbeln.

Entrada

Abstempeln bei:
Lenk Lodge
in Lenk.

Etappe 14

Russland

Alles Gold, was glänzt?
Die russische Kirche in Genf.

Bild – Michel Bobillier

Genf

Flucht aus der Friedens-Stadt

Auf ihrem Handy hat Passepartout nicht nur Bird-Alert, sondern auch Spotify. Während wir hoch über dem Genfersee durch die Landschaft gleiten, als würden wir übers Meer fliegen, wähle ich «französische Chansons», und wer singt als erstes? Gilbert Bécaud. «La place rouge était vide, devant moi marchait Nathalie». Ob die Frau in unserem Navi Nathalie heisst, weiss ich nicht, aber so, wie sie die französischen Strassennamen ausspricht, könnte sie locker als Russin durchgehen. Wir finden das Ziel trotzdem. Die Zwiebeltürme mit den Kreuzen obendrauf glänzen surreal goldig in der Sonne. In Russland feiert man gerade 75 Jahre Ende des Zweiten Weltkriegs. Mit einer Militärparade. Auf den Schildern an der Autobahn wird Genf als «Stadt des Friedens» angekündigt. Vielleicht, weil hier der Sitz der Uno-Kommissionen für Flüchtlinge und Menschenrechte ist. Allerdings sitzt hier auch die Welthandels-Organisation. «Ich möchte nicht wissen, wie viele Menschen der Welthandel schon in die Flucht getrieben hat!», sage ich. «Machen wir uns eine friedliche Nacht», sagt Passepartout und marschiert ins Ritz-Carlton «Hotel de la Paix» hinein. «Spinnst du», presse ich hervor, «das hat mindestens fünf Sterne!» Passepartout grinst nur. Ich mache es kurz: Der Wodka floss reichlich, die Nacht in der Presidential-Suite war wunderbar, hätte rund 600 000 Rubel gekostet, und die Flucht gelang uns mit der sogenannten Babuschka-Methode. Was das genau ist, wird an dieser Stelle selbstverständlich nicht verraten. «Do svidaniya!», sagt Passepartout, und wir brausen davon.

Bild – Olivier Messerli

Die Ikonostase:
wo die menschliche Welt endet
und die göttliche Welt anfängt.

Das brennende Licht symbolisiert die Herrlichkeit Gottes, an den sich das Gebet richtet, sowie die Verehrung, den Dank und die Bitten, die zu ihm aufsteigen.

BILD – Olivier Messerli

Fest der Sinne

Text – Erika Schumacher

Im Innern der Kreuzerhöhungskathedrale betören Düfte, Lichter und Gesänge. Ein Besuch in Genf.

Ein zarter Schimmer, goldener Glanz. Das Licht weist den Weg zum russischen Gotteshaus in Genf. Aus der halb offenen Türe locken mystische Klänge. Der Priester hebt zu einem Sprechgesang an, um sodann auf Kirchenslawisch fortzufahren. Zu hören gibt es viel, zu riechen auch, noch mehr zu sehen – alle Sinne sind gefordert. Hinter den Kulissen stimmt ein Chor archaisch anmutende Melodien an. Die Gesänge sind Gebete und daher menschlichen Stimmen vorbehalten. Instrumente kommen nicht zum Einsatz – sie können nicht beten. Unablässig eine leise Bewegung im Raum. Man vertritt sich die Beine, flüstert mit dem Nachbarn, murmelt Gebete. Eltern fangen ihre Kinder ein, die sich bis in den Vorraum vorgewagt haben, um zu spielen. Weihrauchduft erfüllt dezent die Luft und zieht in betörenden Schwaden vorüber. Die liturgischen Zeremonien sind reich an Symbolik, ihre Abläufe sind kompliziert und dauern über Stunden. Der Priester wird daher stets von einem oder mehreren Diakonen unterstützt: Sie sprechen sich immer wieder gegenseitig an, das ist Teil der Liturgie und Gedächtnisstütze zugleich. Charakteristisch in jeder orthodoxen Kirche ist die Ikonostase, das Symbol der Trennung zwischen göttlicher und menschlicher Welt. So trennt denn die Bilderwand den Gemeinderaum vom Altarraum und damit vom Allerheiligsten. Eine Türe in der Mitte der Wand vereinigt die beiden Welten und wird daher im Lauf der Liturgie einige Male geöffnet. Auf der Ikonostase bilden mehrere Reihen von Ikonen die Bibelgeschichte ab. Jede Reihe hat ihren festen Platz: Oben stehen die Erzväter aus dem Alten Testament, darunter die Propheten. Ganz unten und gross abgebildet zeigt sich Christus, flankiert von Maria, Johannes dem Täufer, Erzengeln und Heiligen. Der Gottesdienst dauert über Stunden, auch an «normalen» Sonntagen. Kein Wunder, verlassen die ersten Gläubigen den Gottesdienst, als die Liturgie noch nicht fertig ist. Man kommt und geht, wann man will. Leise und andächtig, versteht sich.

Die Zwiebeltürme könnten auf die Form osmanischer Helme anspielen. Sicher ist, dass sie im 15. Jahrhundert bei der Kathedrale von Moskau erstmals aufgesetzt wurden.

BILD — Genf Tourismus

Leuchtende Zwiebeltürme

Das Weiss leuchtet mit dem Gold der Zwiebeltürme um die Wette. Wie ein überdimensionales Glühwürmchen, das sich versehentlich verirrt hat. Mitten in die Stadt, mitten in Genf. Die Kreuzerhöhungskathedrale ist eine Insel. Eine Insel, in der Informationen in kyrillischer Schrift angezeigt sind und Stimmen eine fremde Sprache sprechen. Neben dem schlichten Glanz erscheint die ferne Verwandte in Moskau, die Basilius-Kathedrale auf dem Roten Platz, mit all den Farben und Verzierungen wie ein verspielter Sommervogel – auch wenn diese ursprünglich ebenfalls schneeweiss war.

Mitte des 19. Jahrhunderts erhielt die russisch-orthodoxe Gemeinde in Genf die Genehmigung, eine eigene Kirche zu errichten, die vor allem für russische Aristokraten bestimmt war, die damals in der Rhonestadt weilten. Es wurde das erste orthodoxe Gotteshaus der Schweiz. Der Kanton Genf stellte den Boden zur Verfügung – oberhalb des Quartiers Eaux-Vives, auf einem der höchsten Plätze der Stadt, dort, wo einst ein ehemaliges Benediktinerkloster stand. Die russische Zarenfamilie beteiligte sich damals finanziell am Bau und für die Pläne wurde der St. Petersburger Architekt Dawid Iwanowitsch Grimm engagiert, der bereits einige Kathedralen in Russland verwirklicht hatte. 1866 wurde die Kirche eröffnet; in späteren Jahren erweitert und saniert. So wurden etwa die Zwiebeltürme mit knapp einem Kilo Gold neu überzogen oder der Hauptkörper ein paar Jahre später um einen Glockenturm erweitert. Die Glocken dafür wurden in Aarau gegossen. Die Kathedrale hätte viel zu erzählen, könnte sie denn sprechen. So hat sie im Laufe der Jahre einige Bekanntschaften gemacht. Etwa mit dem Schriftsteller Dostojewski, der dort seine erstgeborene Tochter taufen liess.

Ein Tag in Genf

1 **Proviant:** Im Lebensmittelgeschäft Epicerie Sputnik Picknick kaufen und sich über die Farben und die geschwungene Schrift auf der Verpackung freuen.
2 **Eintauchen:** Der Spaziergang zur Kreuzerhöhungskathedrale führt quer durch die Stadt.
3 **Spielpause:** Eine runde Schach gefällig? Grosse Spielbretter laden im Parc des Bastions dazu ein.
4 **Zuhören:** Oft lohnt sich ein Abstecher ins Konservatorium, wo regelmässig Studentenkonzerte durchgeführt werden.
5 **Stöbern:** Im geschmackvollen Bücher-Antiquariat «Jullien» in vergangene Zeiten tauchen und nach russischen Spuren suchen. Etwa von Vladimir Nabokov.
6 **Apéro:** In der Halles de l'Île einen Wodka geniessen. Dieser gehört zu Russland wie der Kreml auf den Roten Platz und wird bei guten wie auch bei weniger guten Gelegenheiten getrunken.

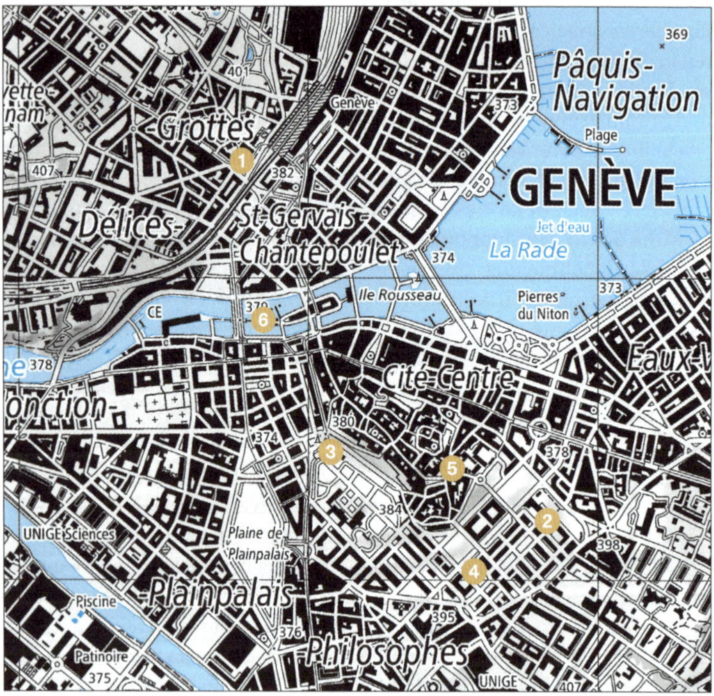

Baujahr
Basilius-Kathedrale: 1561
Kreuzerhöhungs-Kathedrale: 1866

Reisebegleiter

MUSIK
Ballett, Theater und Oper sind wichtige Komponenten der russischen Seele. Hier gehen Disziplin, Strenge, Melancholie, Leichtigkeit und die grossen Dramen des Lebens Hand in Hand und verflechten sich mit zauberhaften Märchenwelten. Eines der schönsten Beispiele dafür: Der Schwanensee von Tschaikowski. Übrigens: Manchmal geht Moskaus berühmtes Bolschoi-Theater auf Reisen – virtuell zumindest – und kommt dabei auch in die Schweiz. Etwa ins Filmtheater vom Verkehrshaus Luzern. Hier werden regelmässig Opern- und Theatervorstellungen aus den weltweit berühmtesten Häusern live übertragen.

WEISSE NÄCHTE
Zugegeben: «Schuld und Sühne» von Dostojewski gehört zwar zu den Klassikern der Weltliteratur. Aber es braucht auch etwas Überwindung, sich in der Leichtigkeit des Sommers an den schweren Stoff in diesem dicken Buch zu wagen. Seine Novelle «Weisse Nächte» will da besser in die Badetasche passen. Weil es leichter ist, und weil es im St. Petersburger Sommer spielt. In den weissen Nächten, die die Stadt in einen Zauber hüllen. Weisse Nächte haben wir hier leider keine. Aber das Schöne an Sommer und einem guten Buch ist: Man kann eine Nacht durchlesen und dann, wenn die Geschichte zu Ende ist, aus dem Fenster schauen und beobachten, wie die Nacht langsam zum Tag wird und sich in diesem besonderen Licht einen Moment vorstellen, es könnte ein Abend in St. Petersburg sein.

Immigratzija

Abstempeln bei:
Epicerie Sputnik
an der RUE DE LA SERVETTE 71.

Etappe 15

Hawaii

Ab durch den Vorhang:
Die Gorges de Nozon bei Croy.

Bild – Claude Jaccard

Croy

Ein Bild von Hawaii

«Kennst du den hawaiianischen Vorhang?», fragt mich Passepartout ganz unvermittelt, als wir von Croy in Richtung der Gorges du Nozon spazieren. «Ist das auch eine Fluchtmethode?», frage ich. Sie schüttelt den Kopf. Der Fluss macht eine Kurve und fliesst auf einen Abgrund zu. Wir gehen rundum. Dann wedelt mir Passepartout mit einer Blumenkette, die sie unterwegs geflochten hat, dreimal vor dem Kopf herum, danach muss ich die Blumen wie einen Vorhang zur Seite schieben. Und ich stehe vor dem schönsten hawaiianischen Wasserfall, den man sich nur vorstellen kann. Ich ziehe mich sogleich aus, springe hinein und kreische. Das Wasser ist, nun ja, arschkalt. Aber völlig egal. «Passepartout, wir sind in Hawaii!» Efeuranken hängen über die moosbedeckten Kalkfelsen hinunter, am Ufer spriessen die grossen, exotisch anmutenden Hirschzungen. Wir können uns kaum satt sehen. Leider vergessen wir, durch den Vorhang wieder retour zu gehen und sehen uns also ganz neugierig das hawaiianische Dorf Croy an. Seltsam: Alles ist auf Französisch angeschrieben. Der kleine Bücherschrank, der Hofladen und das Velo-Museum von Monsieur Pologne. Die Häuser sind aus Stein gebaut und die Leute tragen keine Baströcke, sondern die gleichen Kleider wie wir. «Siehst du, Passepartout», sage ich, «das ist das Problem mit den Klischees und Vorurteilen. Es ist immer besser, sich selber ein Bild zu machen!» Oder wie Jules Verne dieses Kapitel beenden würde: Passepartout lächelte und nickte. Dergestalt reicher an Erfahrung stiegen sie in den Wagen zurück und fuhren weiter nach Sansibar.

Bei der «Cascade de la Venoge» zeigt sich der vogelreiche Hawaiianische Dschungel von seiner grünsten Seite.

BILD — Adobe Stock

Meeresrauschen im Jura

Hawaii ist für viele ein Synonym für Paradies. Ein Name, der das Meeresrauschen und leuchtende Farben in sich trägt. Nicht nur für Surfer sind die Inseln ein Mekka, nein, auch Wanderlustige finden hier idyllische Trails, die oft durch üppiges Grün führen und manchmal bei rauschenden Wasserfällen enden. Wobei: für tropisch anmutende Wasserfälle und üppiges Grün muss man nicht unbedingt 24 Stunden in Flugzeugen verbringen und um die halbe Welt bis in die Mitte des Pazifiks jetten. Denn zwischen La Sarraz und Romainmôtier führt ein Wanderweg durch die Gorges du Nozon und zum 1 Cascade du Dard: Hier hat sich das 24 Kilometer lange Flüsschen Nozon, das im Jura aus einer Karstquelle entspringt, durch den Kalkstein gefressen und eine schluchtartige, grün überwucherte Landschaft geschaffen. Der Wasserfall mit seinen überhängenden Steinschichten und tropfenden Efeuranken ist besonders im Frühling beeindruckend, wenn er viel Wasser führt. Das Gebiet ist aber für historisch Interessierte ebenso spannend wie für Naturfreunde: Bereits zur Römerzeit war die Gegend um Romainmôtier besiedelt; der Nozon selbst wird erstmals im 7. Jahrhundert urkundlich erwähnt, damals noch jedoch unter dem Namen «Novisonum fluviolum». Im Mittelalter nutzten die Menschen damals den Fluss, um Mühlen und Sägereien anzutreiben. Eine dieser Mühlen hat dem Nachbardorf von La Sarraz, der Gemeinde Pompaples, den Spitznamen «Milieu du Monde» eingebracht: Das Wasser, das für die im 16. Jahrhundert errichtete Moulin Bornu aus dem Nozon – und damit dem Einzugsgebiet des Rheins – entnommen wird, wird seit 1551 nämlich zum Teil statt in den Ursprungsfluss in die hier parallel fliessende Venoge abgeleitet – und damit ins Einzugsgebiet der Rhone.

48 Stunden rund um La Sarraz

2 Zeitreise I: Bei der Ankunft in La Sarraz einen Abstecher ins Château machen.
3 Mitnehmen: Zu Fuss gehts nach Hawaii – mit einem Abstecher in die Brasserie de la Condémies für etwas flüssigen Proviant.
4 Wasserfall: Über den zauberhaften Tine des Conflens führt der Weg über Ferreyres zum Flüsschen Nozon und dem Wasserfall Cascade du Dard.
5 Abendessen: Im historischen Städtchen Romainmôtier gibt es in der Rôtisserie au Gaulois das wohlverdiente Abendessen.
6 Nachtruhe: Abenteurer schlüpfen im Camping Le Nozon in den warmen Schlafsack und romantischere Seelen im Gasthaus Maison Junod ins warme Bett.
7 Frisches Brot fürs Znüni gibt es in der Bäckerei Fleur de Farine.
8 Zeitreise II: Vor der Heimreise die 1000-jährige Abteikirche von Romainmôtier besuchen.

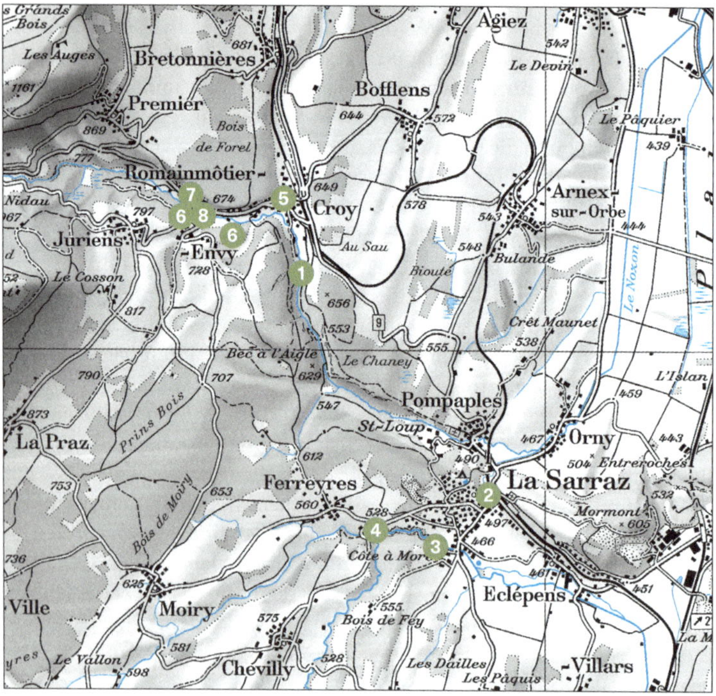

Verschiedene Arten
Hibiskus (Hawaii): 5000
Orchidee (Schweiz): 70

Reisebegleiter

MUSIK

Mit Jack Johnson musikalisch die Seele baumeln lassen oder mit Israel «Iz» Kamakawiwo'ole vom Regenbogen träumen.

BLUMEN

Zum farbigen Hawaii-Hemd mit Gänseblümchen einen Lei, eine Blumenkette, knüpfen – und diesen dann unterwegs verschenken.

ESSEN

Ungeduldige greifen auf den (von einem deutschen Fernsehkoch erfundenen) Toast Hawaii zurück. Mutige (und Geduldige) wagen sich ans hawaiianische «Kalua Pig», eine Art «Pulled Pork». Einfacher kommt man zu Hawaii in der Tasse: Beim Home Barista Shop in Aarau den Microlot-Kaffee «Rusty Hawaii» bestellen.

FILM

In «Blue Hawaii» singt sich Elvis Presley als Reiseleiter durch den 50. US-Bundesstaat, in «Jurassic Parc» diente Hawaii als Kulisse für die fiktive Dinosaurier-Insel und in «The Descendants» versöhnt sich George Clooney als Matt King mit seinem hawaiianischen Erbe. Übrigens: «The Descendants» basiert auf dem Buch «Mit deinen Augen» der hawaiianischen Autorin Kaui Hart Hemmings.

KULTUR

«Eddie would go!» ist in Hawaii ein geflügeltes Wort und bezieht sich auf den Surfer und Rettungsschwimmer Eddie Aikau, der sich in die grössten Wellen traute und über 500 Leben gerettet haben soll.

Immigration

Abstempeln bei:
Bäckerei Fleur de Farine
in Romainmotier.

Etappe 16

Sansibar

Ein Ort für Gedankenspiele: Sansibar am Neuenburgersee.

Estavayer

Es geht um Fluchten & Ziele

«Kennst du ‹Sansibar oder der letzte Grund›?», frage ich Passepartout. Wir liegen faul am Sandstrand. «Mal gelesen», sagt sie, «aber wieder vergessen». Ich erzähle ihr die Geschichte. Von den Flüchtenden im zweiten Weltkrieg, die in einem Boot übers Meer fahren, zusammen mit Barlachs Statue des lesenden Klosterschülers. Wir blicken aufs Meer hinaus. Ich lese aber natürlich nicht Andersch, sondern Jules Verne. Und in Sansibar kamen dessen Helden natürlich nicht vorbei, viel zu weit weg von der Ideallinie. Und so oder so: Am Strand herumliegen war nicht ihr Ding. In erster Linie fuhren sie. Und wenn nicht, dann stiegen sie um. Der Weg war nicht ihr Ziel. Das Ziel war ihr Ziel. So wie Flüchtende in einem Boot auch nur ein Ziel haben, den rettenden Strand. Das schafft ausser dem Mensch keine andere Spezies: Die eigenen Artgenossen dazu zu bringen, in unsichere Boote zu steigen, über unsichere Meere zu fahren, zu unsicheren Zielen. Und was auch keine andere Spezies schafft: Rund um die Welt zu fahren, ohne es wirklich zu müssen. Wegen einer dummen Wette, zum Beispiel. Aus dem Wald am Ufer klingt ein Kuckuck. Der ist zurück aus Afrika. Dort fliegt er aber nicht hin, weil es ihm Spass macht oder weil er in einem Preisrätsel eine Reise nach Sansibar gewonnen hat oder weil das Angebot des Billigfliegers so unwiderstehlich war. Sondern, um zu überleben. «Wieder zuhause werde ich ‹Sansibar oder der letzte Grund› aus dem Gestell holen!», sage ich. Passepartout zupft an meinem Hemd. Es zieht sie weiter. Kein Wunder: Es geht nach Panama, ins Vogelparadies!

Paradisisch:
Langer Strand in
Estavayeeeeeeah

BILD – Céline Chapalay

Am weissen Sandstrand

Mit seinen knapp 218 Quadratkilometern ist der Neuenburgersee der grösste ganz in der Schweiz liegende See. Was ihm an Internationalität fehlt, macht er mit Interkantonalität wett. Neben Neuenburg stossen auch die Kantone Waadt, Freiburg und Bern an seine Gestade. Entlang des südlichen Ufers erstreckt sich ein fast 3000 Hektar grosses Naturschutzgebiet, die Grand Cariçaie, das grösste Seemoor der Schweiz. Auf rund 40 Kilometern Wanderweg, welche zum Teil über Holzstege durch die Riedlandschaft führen, lässt sich die einzigartige Gegend entdecken. Immer wieder unterbrochen wird die Uferlandschaft von wilden verträumten Stränden oder langen weissen Sandbändern, die einen Vergleich mit den schönsten Stränden Sansibars nicht scheuen müssen. An Gefährlichkeit steht der Neuenburgersee übrigens dem Meer in nichts nach. Segler lieben ihn wegen seiner Grösse, fürchten ihn aber deswegen auch, da diese ihn sehr windanfällig macht. Bei Wetterwechseln und Gewittern kann sich der Westwind schnell zum Sturm hochschrauben. Die Seepolizei hat dann immer wieder alle Hände voll zu tun, um Schiffbrüchige aus dem rauen Wasser zu retten. Wenden wir uns lieber den angenehmeren Seiten zu, einem kleinen Sehnsuchtsort am südlichen Seeufer: Estavayer-le-Lac. Sehnsuchtsort, weil sich rund um das mittelalterliche Städtchen einige der schönsten Strände der Schweiz finden lassen. So wähnt man sich etwa am langgezogenen Strand von Yvonand, südlich von Estavayer, dank seines hellen, feinen Sandes und dem klaren, blaugrünen Wasser sogleich am Kendwa Beach auf der Insel Sansibar. Wenn sich zum Sonnenuntergang dann der Himmel in allen Rottönen verfärbt, ist man vollends überzeugt, das leise Wellenrauschen stamme vom Indischen Ozean.

Ein Tag bei Estavayer-le-Lac

1 Am weissen **Sandstrand** bei Yvonand am türkisblauen Wasser liegen und den Wellen zuhören.
2 Durch die mittelalterliche Stadt **Estavayer-le-Lac** mit ihren engen Gässchen spazieren, die an Stown Town auf Sansibar erinnern.
3 Bei Alphasurf ein **Segelschiff mieten** und über den See sausen, sich fühlen wie auf einem Dau, den traditionellen Holzbooten des Indischen Ozeans, die auf Sansibar noch immer nach alter Art gebaut werden. Falls kein Segelschein vorhanden ist, kann es auch ein Pedalo sein.
4 Eine formidable Fischsuppe im **Restaurant Gerbe d'or** schmausen, ganz nach Art der Zanzibar Soup.
5 Bei der **Ripper Bar** unter dem Bastschirm ganz am Wasser sitzen, sich einen feinen, tropischen Drink genehmigen und dabei sehnsüchtig den wunderschönen Sonnenuntergang in «Sansibar» geniessen.

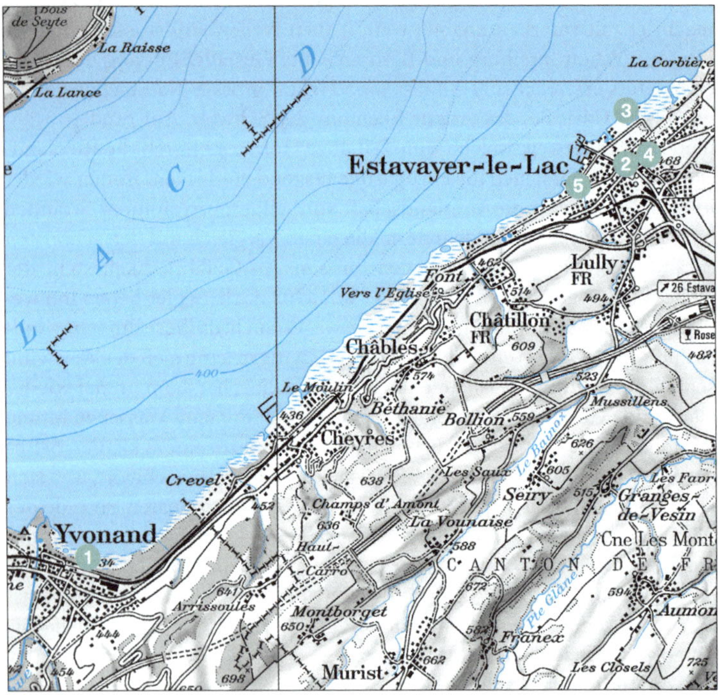

KARTE – © swisstopo (JM190029)

Grösse
Meeresschildkröte: Bis 150 cm
Europ. Sumpfschildkröte: Bis 23 cm

Reisebegleiter

DER NASE NACH
Vanille, Pfeffer, Muskatnuss: Auf Sansibar werden unzählige Gewürze angebaut, mit denen Gerichte auf der ganzen Welt veredelt werden. Kein Wunder also, wird die zu Tansania gehörende Insel auch «Insel der Gewürze» genannt. Noch im 19. Jahrhundert war Sansibar der weltgrösste Nelkenproduzent. Ein kleines Fläschchen Nelkenöl ist deshalb der perfekte Reisebegleiter, um der Nase nach ins Inselparadies zu reisen. Und wenn wir schon bei der Nase sind: Jackfruit gibt es mittlerweile auch aus der Büchse. Das ist weniger stilvoll als frisch gekauft vom Markt, zugegeben. Aber: Ein bisschen Sansibar bringt sie trotzdem. Reif liegt ihr Geschmack irgendwo zwischen Mango, Ananas und Banane.

MUSIK
«Taarab» – ein Wort, das selbst schon Musik ist, heissen die traditionellen Klänge, die in Sansibar ihren Ursprung finden und noch immer die Geräuschkulisse der Insel sind. Mittlerweile gibt es davon auch moderne Varianten. Und die Schweizer Variante: «Estava-yeah» von Jeans for Jesus.

LITERATUR
Sansibar ist ein Sehnsuchtsort. Das spiegelt sich auch in der deutschen Literatur wieder. Beim Schweizer Schriftsteller Lukas Hartmann etwa mit seinem Werk «Abschied von Sansibar». Oder bei Wolf-Ulrich Cropp, der das Buch mit dem vielversprechenden Titel «Wie ich die Prinzessin von Sansibar suchte und dabei mal kurz am Kilimandscharo vorbeikam» schrieb.

Kuingia

Abstempeln bei:
Ripper Bar,
Estavayer-le-Lac.

Etappe 17

Panama

Oh, wie schön ist Panama!
Auch am Canal de la Broye.

Bild – zvg

Canal de la Broye

Panama ist überall!

Passepartout platzt beinahe, als sie nach drei Stunden Pirsch durch Panama die Artenliste schreibt: «Goldammer! Gartengrasmücke! Kuckuck! Fitis! Nachtigall! Flussseeschwalbe! Sturmmöwe! Pirol!» Wir sitzen in der Wiese und machen Picknick. Den Kuckuck habe ich auch gesehen. Als er rief, streckte er die langen Schwanzfedern ganz lustig nach hinten raus, wie ein Pianist, der sich an den Flügel setzt. Aus dem Picknickkorb nehmen wir Tomme aus Evolène, Geisskäse aus Splügen, Roggenbrot aus dem Obergoms, Nussbrot aus Romainmôtier, griechisches Tsatsiki aus Genf und Wein aus, nun ja, Argentinien. «Ts, ts, ts», macht Passepartout. «Aber immerhin von einem Schweizer angebaut! Dieter Meier!», sage ich und singe das Intro von «The Race». Da beginnt es aus dem Röhricht zu knattern. «Teichrohrsänger!», sagt Passepartout. «Der Schilf-DJ!» Ich habe ihn wohl animiert. Und mit Verlaub, Herr Meier, neben dem Teichrohrsänger können Sie einpacken. Wir tanzen eine Runde wild zuckend zu seinen Beats und geben ihm den Namen «DJ Panama». «Kennst du ‹Oh, wie schön ist Panama› von Janosch?», fragt mich Passepartout. Ich schüttle den Kopf. «Der kleine Bär und der kleine Tiger machen sich auf nach Panama, wo angeblich alles besser, grösser und schöner ist. Sie gehen aber irrtümlich im Kreis herum. Als sie wieder zuhause ankommen, ist ihr Häuschen so verwittert, dass sie es nicht wiedererkennen und glauben, am Ziel ihrer Träume zu sein.» – «Quasi hawaiianischer Vorhang», sage ich. Passepartout nickt. «Panama ist überall», sagt sie und lächelt verträumt.

Bild – ETH-Bibliothek Zürich, Bildarchiv / Fotograf: Comet Photo AG (Zürich)

Überall ist Panama:
Auch am Murtensee.

Umzug in ein neues Reservat am See

Text – Jon Bollmann

Am Südufer des Neuenburgersees liegt das grösste Feuchtgebiet der Schweiz, die Grande Cariçaie. Es entstand als Nebenwirkung der ersten Juragewässerkorrektion von 1868 bis 1891, bei welcher der Wasserpegel der drei Juraseen um rund 3m gesenkt wurde. Dies hatte weitreichende Folgen: etwa den Anschluss der St. Petersinsel im Bielersee ans Festland, oder den Rückzug des Neuenburgersees um mehrere hundert Meter. Dadurch wurden das Seeland und die Orbeebene, welche zuvor unter verheerenden Überschwemmungen gelitten hatten, trockengelegt und von Brutstätten für Malaria, die hierzulande «Sumpffieber» genannt wurde, zu frucht-bare Ackerflächen verwandelt.

Für die Tiere und Pflanzen, deren Habitat damit verschwand, war das rund 40 Kilometer lange neue Feuchtgebiet entlang dem Südostufer des Neuenburgersees ein willkommener Rückzugsort. Schon nach wenigen Jahren hatten sie den Umzug vollzogen und ein neues Ökosystem etabliert. Heute leben in dem in diesem fruchtbaren Uferstreifen, der mit 30 Quadratkilometer ungefähr so gross ist wie die Stadt Luzern, um die 800 Pflanzenarten und über 10 000 verschiedene Tierarten, was etwa einem Viertel der Flora und Fauna der Schweiz entspricht.

Weil die Grand Cariçaie in einem seltsamen Netz aus Kantonsgrenzen zappelt, besteht sie aus acht separaten Schutzgebieten, die zusammen das ganze Ufer umfassen. Die zwei Reservate beim Broyekanal liegen in drei Kantonen und beherbergen die schweizweit grössten Brutkolonien von Wasservögeln. Während der jährlichen Migration versammeln sich oft tausende Wasservögel auf den Wasserflächen, sammeln Kräfte für den Weiterflug oder nisten sich ein für den Winter, der ihnen hier hinter der ausgedehnten Sandbank im attraktiven Mosaik verschiedener Lebensräume angenehmer erscheint als weiter nördlich. Für Ornithologen ein wunderbarer Zeitpunkt, um die Gegend zu entdecken.

Seit 2001 beweiden Schottische Hochlandrinder einen Teil der Riedflächen, um die Verbuschung zu stoppen und den Lebensraum für bedrohte Tier- und Pflanzenarten zu erhalten. Wer sich das mit eigenen Augen ansehen will, hat von der Besucherplattform aus einen guten Blick auf Rinder und Ried. Wer dagegen die rastenden Vögel auf der Sandbank und auf den Fanel-Inseln beobachten will, der platziert sich für seine Expedition auf der Mole des Panamakanals und schaut hinaus in den fast rund ums Jahr fröhlich flatternden Dschungel.

Jon Bollmann hat sich für die bevorstehende Durchfahrt des Panamakanals Christopher Martin's «The Expansion» aus dem Bücherschrank gefischt. Ein Thriller aus Panama, den ein Schweizer unter einem Pseudonym herausgegeben hat.

Jährlich passieren rund 14 500 Schiffe den 82 km langen Panamakanal, um sich den Umweg über das Kap Hoorn zu ersparen.

Zwischen Moratik und Neuchâtik

Eine Schifffahrt auf dem Broyekanal zwischen Murtener und dem Neuenburger Ozean bringt den Gast ins Zetrum der Schweizer Wasserwelt. Denn der Murtensee funktioniert seit 1870 als Ausgleichsbecken für den wasserreichsten Zubringer des Rheins, die Aare. Vor dieser Zeit hatte sie mit ihrem gewaltigen Einzugsgebiet in den launischen Alpen und ihrem entsprechend wechselhaften Wasserstand oft grosse Ländereien überflutet. Dies wurde gestoppt mit dem Jahrhundertprojekt «Juragewässerkorrektion», bei dem man den Neuenburgersee über zwei Kanäle mit dem Bieler- und dem Murtensee zu einem grossen Ausgleichsbecken verband. Zwei weitere Kanäle lenkten die Fluten der wild durchs Seeland mäandrierenden Aare zuerst in den Bielersee und dann wieder zurück ins angestammte Flussbett. So konnten die drei Seen die stürmischen Höchstwasser der Aare aufnehmen und beruhigt abfliessen lassen. Seither werden die Uferzonen zwischen Biel und Basel vor Hochwassern bewahrt und das frühere Schwemmgebiet im Seeland wurde zur Gemüsekammer der Schweiz.

Seit der Juragewässerkorrektion, welche 1868 begann, nicht die gewünschten Erfolge brachte und erst 1973 nach einer zweiten Bauetappe fertiggestellt werden konnte, beträgt der Niveauunterschied zwischen den drei Seen nur noch ein paar wenige Zentimeter. Bei einer Fahrt durch dem Broyekanal nimmt man das Fliessen auch kaum wahr.

Interessant wird die Fahrt durch den Broyekanal dann, wenn es im Berner Oberland, dem Einzugsgebiet der Aare, tüchtig regnet und der Fluss anschwillt. Bei solchen Verhältnissen kommt es vor, dass sich die Fliessrichtung dreht und die Aare vom Bielersee her durch zwei Kanäle hindurch in den Murtensee hinauf schwappt.

Ein Tag am Murtensee

❶ **Vogelgezwitscher:** Nach einer Nacht in der Auberge de La Sauge am Rande der international bedeutenden Naturschutzgebiete Fanel und Cudrefin können Frühaufsteher auf Vogeltour gehen und sich von der Geräuschkulisse nach Panama tragen lassen.

❷ Mit dem Schiff auf dem **Broye Kanal** nach **Murten** fahren und dort in der «Casco Viejo», der Altstadt, ein ausgiebiges Frühstück geniessen.

❸ **Gemüsegarten:** Mit dem Velo die Gegend rund um den Murtensee, den «Gemüse-garten der Schweiz» erkunden. Etwa das Dörfchen **Ins.** Das Schlössli ist ein Dorf im Dorf und wie eine Schatztruhe für kleine Entdeckungen. Oder die längere Variante: Mit dem Velo nach Kerzers, im **Papiliorama** die schönen Schmetterlinge bestaunen und bei **Muck's Gelati** in Müntschemier ein feines Gemüseglacé probieren.

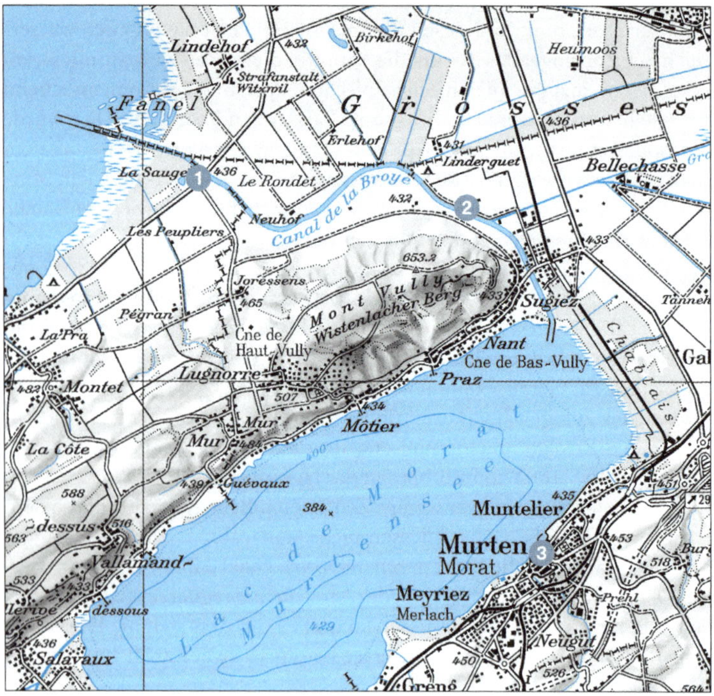

Kanal-Länge
Panamakanal: 82 km
Canal de la Broye: 8,8 km

Reisebegleiter

ESSEN

Zwischen dem Atlantik und dem Pazifik gelegen, gehört Fisch auf die panamaische Speisekarte. Eine Ode an die Leichtigkeit des Sommers ist Ceviche. Das Gericht aus rohem Fisch stammt eigentlich aus Peru, ist aber in ganz Lateinamerika genauso verbreitet.

ARCHITEKTUR

Panama ist ein aufstrebender Hotspot für Architektur. Altes wird mit Trendigem ergänzt. Genau wie im hübschen Bistro Martin-Pêcheur, wo ein ehemaliges Werkstattgebäude des Kraftwerks Hagneck mit viel Stil und Liebe umgenutzt wurde.

SITZENBLEIBEN

Panamahut und guten Lesestoff einpacken. Etwa «Der Freund» von Sigrid Nunez, die panamaische Wurzeln hat. Dann ab aufs Schiff. Rund zwölf Stunden benötigt ein Schiff für den rund 80 Kilometer langen Panamakanal und damit für die Reise vom Atlantik in den Pazifik. Die Fahrt durch den Broyekanal dauert gut 25 Minuten. Man müsste den Kanal also rund 29 Mal hintereinander durchqueren, um das Zeitgefühl einer Panamakanal-Reise zu bekommen. Täglich gibt es aber nur gerade acht Verbindungen – vier in jede Richtung. Mit Einfach-Sitzen-Bleiben kann doch nach Panama gereist werden. Denn die Länge der acht Fahrten entspricht rund 90 Prozent des grossen Bruders in Panama. Wer lieber Abwechslung hat, geht auf die Drei-Seen-Fahrt, die in den Bielersee führt. Vorbei an San Blas, beziehungsweise der St. Petersinsel.

Immigration

Abstempeln im:
BirdLife-Naturzentrum
La Sauge.

Etappe 18

Gibraltar

Noch unbeweglich:
Der Affe von Goumois.

Bild – clem-flyfishing.com

Saignelégier

Ein Berg voller Affen

Passepartout erkundet im Morgengrauen noch einmal die Vogelwelt. Ihr Gesicht leuchtet, als sie zurückkommt. «Nun aber los», sage ich. «Wir haben drei Ziele vor uns heute, und die Uhr tickt!» Sie nickt und steuert Richtung Gibraltar. Da ragt tatsächlich ein riesenhafter Affe aus dem Wald. «Na, was geht ab?», sagt Passepartout. Es rauscht aus dem Wald und der Affe sagt mit einer überraschend hohen, piepsigen Stimme: «Ja ja, es muss!» – «Weisst du was, lieber Affe», sagt Passepartout, «du wärst die perfekte aktuelle Ergänzung zur amerikanischen Präsidentengalerie am Mount Rushmore!» Das lässt er sich jedoch nicht bieten. Krachend löst er die Arme aus dem Fels, dass die Bäume nur so durch die Luft fliegen, und holt zum Schlag aus. Wir laufen um unser Leben. «Was nun?», rufe ich Passepartout zu. «Babuschka-Methode?» – «Vielleicht besser die Gibraltar-Methode!», ruft sie keuchend zurück. «Und was zum Teufel ist die Gibraltar-Methode?» – «Brüllen wie ein Berg voller Affen!» Dann bleibt sie stehen, dreht sich um und brüllt wie ein Berg voller Affen. Ich brülle mit. Es wirkt. Der Affe lässt den Arm sinken. «Ich wollte dich nicht beleidigen, lieber Affe!», sagt Passepartout, noch immer völlig ausser Atem. «Ist schon ok», piepst er. «Ist einfach auch verflucht langweilig hier, so allein.» Hinter mir höre ich ein wohlbekanntes, hüpfendes Geräusch. «Dann schnapp dir doch das Känguru!», rufe ich dem Affen zu, und wir springen in den Camper. Es ist Liebe auf den ersten Blick. Und wenn sie nicht gestorben sind, dann hüpfen und piepsen sie noch heute.

Vom Affenfels aus, dem einzigen Ort in Europa, an dem Affen leben, sieht man über die Strasse von Gibraltar hinweg auf Afrika hinüber.

BILD – KEYSTONE / Martin Ruetschi

Zwischen da & dort

Steht der Reisende auf dem Affenfelsen von Gibraltar, sieht er: zwei Meere, zwei Kontinente, drei Länder. Gibraltar – man glaubt, die Ferne beginne in diesem Namen. Gib-ral-tar, so klingt Sehnsucht, der Ort, an dem die Welt beginnt. Auch wenn Herakles dort ihr Ende vermutete, wie etwa der Dichter Pindar im 5. Jahrhundert vor Christus beschrieb.

Geht man in Goumois weiter, kommt das Ende der Schweiz. Goumois, das klingt genauso wenig nach Schweiz, wie Gibraltar nach Grossbritannien. Goumois, das ist ein Grenzort, eines der kleinsten Dörfer im Jura, politisch gehört es zu Saignelégier. Nach dem Wiener Kongress 1815 wurde das Dorf getrennt – der Doubs, der leise durch den Ort fliesst, wurde zur Landesgrenze. Und Goumois zu zwei Dörfern. Einem in Frankreich. Und einem in der Schweiz. Obwohl die Dörfer seither getrennt sind, teilen sie sich bis heute die Infrastruktur. Die Kinder gehen in der Schweiz in die Schule und die Kirchengänger in Frankreich ins Gotteshaus. Es ist ein Ort zwischen da und dort. Ein Ort, an dem die Menschen manchmal im selben Satz zwei Sprachen sprechen. Nicht Englisch und Spanisch, wie in Gibraltar, dafür Deutsch und Französisch. Noch eine Gemeinsamkeit lässt sich finden: der Affenfelsen! Gehört der Felsen von Gibraltar zu den weltweit berühmtesten – auch wegen den Berberaffen, die dort leben –, steht der wahre Affenfelsen im Jura. Während auf Gibraltars Felsen die einzig wilde Affenpopulation Europas lebt, wacht der Affe von Goumois stolz und treu und zu Fels geworden. Anders als die kleinen Berberaffen in Gibraltar, die regelmässig Touristen beissen, ist der Affe von Goumois zahm und gutmütig und lässt Besucher sogar auf seinen Kopf steigen und von dort die wunderbare Aussicht am Ende der Schweiz geniessen.

Ein Tag bei Saignelégier

❶ **Grenzdorf:** In Goumois im Auberge-Restaurant du Theusseret in den Tag starten. Der Gasthof, der direkt an einem Wasserfall liegt, hat übrigens auch Gästezimmer.
❷ **Fussmarsch:** Gemütlich Richtung Saignelégier wandern. Auf dem Weg beim Affenfelsen vorbeischauen und sich dabei von den wunderschönen Plätzen am Doubs regelmässig zum Verweilen einladen lassen – Badehosen einpacken! Ein Abstecher wert ist auch der Bief de Vountanaivre, ein Wasserfall in einem Felsenkessel. Oder das Château de Cugny, ein Felsen, der wie ein steinernes Schloss aussieht und mit etwas Fantasie an Moorish Castle auf Gibraltar erinnert.
❸ **Sonnentanken:** Sich am Ziel in Saignelégier im Café du Soleil für den Heimweg stärken. Falls eine der regelmässig durchgeführten kulturellen Veranstaltungen zum Bleiben verleitet ... Es hat Gästezimmer.
❹ **Mitnehmen:** Im Marché des Paysannes sich mit feinen lokalen Spezialitäten eindecken, um so ein Stück Jura mitzunehmen.

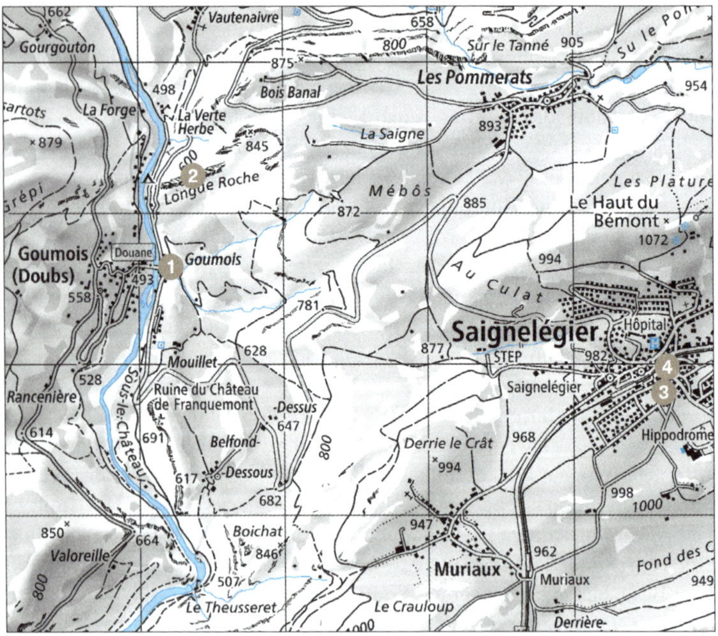

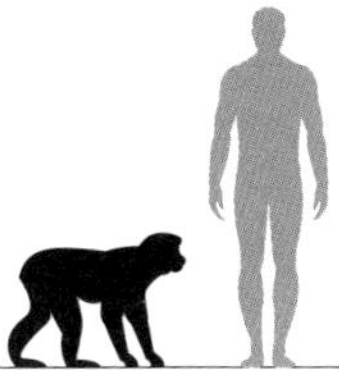

Durchschnittliche Rudelgrösse
Berberaffen: 12–88
Mensch: 1–3,6

Reisebegleiter

LITERATUR
«Mann schmeisst Hund auf Bär», heisst der vielversprechende Buchtitel aus der Feder des Schriftstellers Misha Verollet, der in Gibraltar geboren ist und neben Poetry Slam auch Synth-Wave-Musik produziert.

WINDIG
In Gibraltar herrscht Mittelmeerklima. Aber manchmal toben und zischen und fauchen die Winde um die Wette: Aus dem Atlasgebirge im Osten der Levante und aus der Sierra Nevada im Westen der Poniente. Braut sich der nächste Föhnsturm zusammen oder wirbelt kalte Luft durch schwüle Sommertage: Auf einen grossen Stein steigen, Augen schliessen und nach Gibraltar reisen.

VÖLKERVERBINDEND
In Gibraltar gibt es etwas, das auf der ganzen Welt einzigartig ist: Das Rollfeld des Flughafens führt über eine Autostrasse. Ist die Barriere unten, kommt kein Zug, sondern eben ein Flugzeug. Also nichts wie los an den nächsten Flughafen, um den Flugzeugen beim Rollen zuzuschauen. Als Proviant passt Fish und Chips und ein Glas Sangria – ganz im Sinne der ländergreifenden Verständigung. Dasselbe Spiel geht auch mit Safran-Paella mit Gin oder Meeresfrüchten mit Schwarztee.

HERKULES
Dürrenmatts Hörspiel «Herkules und der Stall des Augias» schnappen, zwei Säulen suchen und darin die Hängematte spannen.

Entrada

Abstempeln bei:
Café du Soleil
in SAIGNELÉGIER.

Etappe 19

Camargue

Wo sind die Flamingos? Camargue-Pferde im Jura.

Bellelay

Wie der Zweck die Mittel heiligt

Da sind wir uns einig: Esel stehen uns näher als Pferde. Pferde sind Fluchttiere, ich habe immer ein wenig Angst, wenn ich einem Pferd zu nahe komme. Aber wir haben keine andere Wahl: In diesem Kapitel geht es um Pferde. Wir sind schliesslich in der Camargue. Und da hat es nunmal mehr Pferde als Esel. Aber sonst, ausser einer Handvoll Häuser und einem Brunnen, hat es hier so gut wie nichts. Wir stehen verloren auf einer Wiese herum. «Was machen wir jetzt?», sagt Passepartout. «Hm», sage ich, «hawaiianischer Vorhang?» – «Na schön», sagt sie, «diesmal reichen ein paar Blumen aber nicht.» Zum Glück haben wir in Saignelégier ein Fläschchen Absinth gekauft. Pardon, Pastis Camarguais. Es wirkt sofort: Nach ein paar Schlucken kommen bereits die ersten rosa Flamingos geflogen und am Ende ist der ganze Weiler und die ganze Ebene übersät davon, Tausende von Flamingos stehen herum, strecken ihre Hälse in die Höhe, drehen die Köpfe hin und her und krächzen, dass es eine Freude ist. Dann ist die Flasche leer, wir sinken arg beduselt auf die Wiese, und als wir wieder erwachen, haben wir erstens ein saumässiges Kopfweh, zweitens ist kein einziger Flamingo mehr zu sehen und drittens ist der ganze Weiler, inklusive unserem Camper, verschissen mit rosafarbenem Vogeldreck. «Ich habe Absinth noch nie wirklich gemocht», sagt Passepartout und streckt zur Erfrischung den Kopf in den Brunnen. «Nun ja, das Kapitel ist fertig, und der Zweck heiligt die Mittel!», sage ich. Passepartout reibt sich übers Gesicht und startet den Motor. Und den Scheibenwischer.

Cäsar war der erste, der die Camargue-Pferde schriftlich erwähnte. Er war so begeistert von ihnen, dass er für deren Zucht zwei Gestüte anlegen lies

Weisse Franzosen im Berner Jura

Pferdeverrückte wissen schon lange, wo das Glück der Erde liegt: auf dem Rücken ihrer heissgeliebten Vierbeiner. In der Schweiz kommt man, wenn es um Pferde geht, nicht um den Jura herum. Hier befindet sich die Wiege der letzten ursprünglichen Schweizer Pferderasse, dem Freiberger. Die kompakten, meist braunen Pferde sind es auch, die auf den weitläufigen Weiden des Juras das Bild dominieren.

Rund um den Weiler Fornet-Dessous im Berner Jura mischen weisse Farbtupfer das ansonsten sehr einheitliche Bild der grasenden Vierbeiner auf. Deutlich kleiner, aber immer noch kräftig gebaut, mit kurzen Hälsen und steilen Schultern knabbern die Exoten an den grünen Halmen, ganz ohne von der speziellen Fähigkeit Gebrauch machen zu müssen, die sie dank ihrer Herkunft haben: Denn bei den weissen Pferden, die rein grössentechnisch schon an der Grenze zum Pony liegen, handelt es sich um Camargue-Pferde. Ihr natürlicher Lebensraum sind die zahlreichen Lagunen und Sumpfgebiete dieser Region im Süden von Frankreich, und damit sie auch im seichten Gewässer genügend Nahrung finden, können sie ihre Nüstern verschliessen und so ungestört unter Wasser den Algen an den Kragen gehen.

Abtauchen müssen die Camargue-Pferde vom Reiterhof Mas du Sapin im Jura nicht, und auch für Stierkämpfe müssen sie nicht antraben. Höchstens ein paar Rinder treiben sie hin und wieder mit ihren Reitern zusammen und begeben sich ansonsten auf Tagesausritte oder grasen das ganze Jahr über gemütlich auf der Weide. Während den Pferden in der Camargue der Mistral die Mähnen zerzaust, stellen sie hier – ob weiss oder braun – die Kruppe gegen den Joran, der durch Täler und über die Jurakämme fegt.

Zwei Tage rund um Bellelay

1 **Ausritt:** Auf dem Rücken eines Camargue-Pferdes einen Tag lang die Landschaft erleben.
2 **Entspannung:** Die müden Muskeln in der Sauna und im Sprudelbad des Mas du Sapin lockern. Danach am Gästetisch speisen und erschöpft ins Bett fallen.
3 **Kunst im Kloster:** Am nächsten Tag eine Ausstellung in der Abteikirche des ehemaligen Klosters in Bellelay besuchen.
4 **Fliegende Drachen:** Auf dem Naturlehrpfad Libell'lay an Teichen, Flüssen und Torfmooren entlang spazieren und Wissenswertes über Libellen erfahren.
5 **Mönchskopf:** Im Maison de la Tête de Moine in die Geschichte des berühmten Käses eintauchen, der in der gegenüberliegenden Abtei vor 800 Jahren erstmals gefertigt wurde. Anschliessend im Museumscafé den Tag bei einer Käseplatte und einem Glas Wein ausklingen lassen.

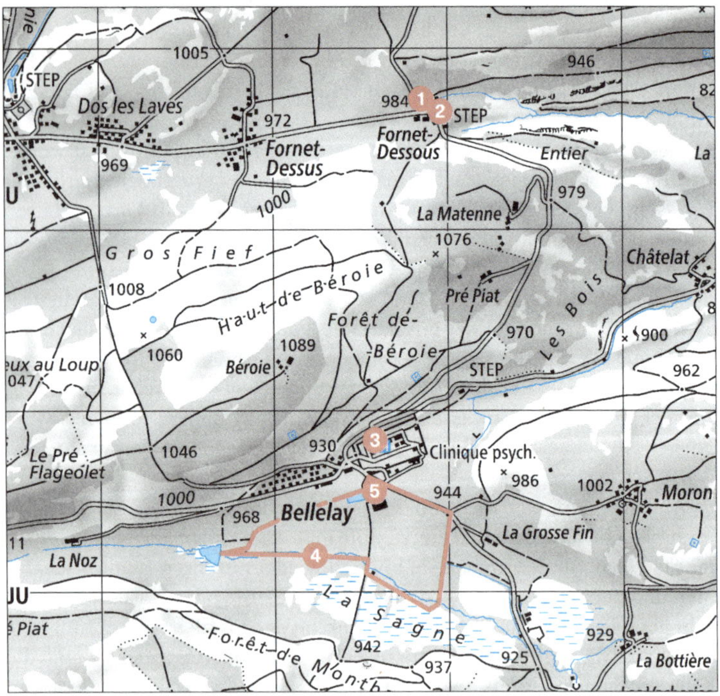

Stockmass
Camargue-Pferd: 135 - 150 cm
Freiberger: 150 - 160 cm

Reisebegleiter

KULINARIK
Der tiefrote Camargue-Reis verdankt seine unverwechselbare Farbe dem tonhaltigen Boden, auf dem er im Süden Frankreichs angebaut wird. Der herkunftsgeschützte Reis ist auch in Spezialitätenläden in der Schweiz erhältlich und wird zum Abschluss nach dem Kochen am besten mit einer Prise grobkörnigem Fleur de Sel aus den vielen Salinen der Camargue gewürzt.

LIFESTYLE
Sich ganz in rosa gekleidet auf ein Bein stellen und sich wie ein Flamingo fühlen, die sich im seichten Wasser des Naturschutzgebietes äusserst wohlfühlen.

LITERATUR
Die Schriftstellerin Federica de Cesco, die seit vielen Jahren in der Schweiz lebt, hat seit ihrem 1957 erschienenen Erstling «Der rote Seidenschal» unzählige Kinder-, Jugend- und Erwachsenenbücher geschrieben. Die Schauplätze ihrer Romane sind auf dem gesamten Erdball verstreut und mehrere ihrer Geschichten spielen sich in der rauen Landschaft der Camargue ab, so zum Beispiel «Im Wind der Camargue» oder «Mari reitet wie der Wind».

KUNST
Der berühmte niederländische Maler Vincent van Gogh lebte während rund 16 Monaten in der französischen Stadt Arles und schuf in dieser Zeit zahlreiche Werke, darunter Abbildungen vom Meer, Strand und Hafen von Saintes-Maries-de-la-Mer, der «Hauptstadt» der Camargue.

Entrée

Abstempeln bei:
Mas du Sapin,
Fornet-Dessous

Etappe 20

Schottland

Am Ende der Welt: Nessie in Réclère.

BILD – Dominic Büttner

Réclère

Die Letzten

Jetzt sind wir wirklich am Ende der Welt angelangt. Und am Anfang der Zeit. «Kennst du diese Rechnung?», frage ich Passepartout. «Wenn man die Geschichte der Erde in ein Jahr reindrückt, dann erscheint der Mensch am 31. Dezember, eine halbe Stunde vor Mitternacht.» - «So so», sagt sie. «Und hat dann nichts Besseres zu tun, als ein Feuerwerk der Zerstörung loszulassen, dass einem Hören und Sehen vergeht.» Ich nicke. «Und was meint ihr dazu?», sage ich zu den Dinosauriern. Aber sie geizen mit den Worten wie die Schotten mit dem Geld. Dann reden wir eben mit dem Dino von Chevenez. Ein alter, vitaler Mann, der in einer besseren Garage sein «Naturade»-Bio-Lädeli führt. Er ist sieben Tage die Woche da. Nur sonntags gehe er manchmal etwas früher, «pour observer les oiseaux!» Passepartout strahlt. Auf seinen Tipp hin übernachten wir in der schottischen Wildnis von Damphreux. Die Vögel, erklärt mir Passepartout, seien übrigens quasi die letzten noch existierenden Dinosaurier. Ehrfürchtig beobachten wir Schwarzkehlchen, Neuntöter und auf einem Acker rund zwanzig Weissstörche. Aus dem Wald kommt ein Fuchs gelaufen. Die Störche formieren sich in Dreierkolonne und geleiten den Fuchs höflich staksend aus ihrem Acker wieder hinaus. Was für ein Schauspiel. Andere haben Netflix, wir haben Damphreux. Als es dunkel wird, gurgelt es auf einmal seltsam aus dem Etang des Coeudres, und von weitem scheint es, als würde ein Hals aus dem Wasser steigen. Passepartout verriegelt von innen den Camper.

Der Hypsilophodon ist eine von 15 Dinosaurier-Arten, welche in Michael Crichtons Buch «Jurassic Park» vorkommen.

BILD – KEYSTONE/Christian Beutler

Nessie im Jura

Darüber, was unter der glatten Oberfläche des Loch Ness in Schottland herumschwimmt, gehen die Meinungen auseinander. «Nichts besonderes», sagen die einen und verweisen darauf, dass die meisten Nessie-Fotos nachweislich Fälschungen sind. «Badende Elefanten» oder «Seehunde», sagen die anderen. Wieder andere sind überzeugt, dass in dem tiefen, schottischen Gewässer eine kleine Population Plesiosaurier bis heute überlebt hat und für die Monstersichtungen verantwortlich ist. Egal, wer nun Recht hat, die meisten Besucher sehen auch bei langen Beobachtungszeiten nichts Ungewöhnliches. Ganz anders ist das im v im schweizerischen Réclère, direkt an der französischen Grenze. Dort sind «Monstersichtungen» garantiert. Denn auf dem zwei Kilometer langen Weg durch den Park warten allerlei Kreaturen aus der Evolutionsgeschichte, von Fischen über verschiedene Saurier bis zu Säugetieren. Unter den 45 lebensgrossen Figuren finden sich tatsächlich auch ein Plesiosaurus und ein Elasmosaurus, die zur gleichen Gruppe, den Plesiosauroidea, gehören. Die beiden Schwimmsaurier lebten mit ihren jeweils vier Flossen wohl im Wasser und ernährten sich von Fisch. Getroffen haben sie sich aber nie – der Plesiosaurus lebte nämlich im Unterjura, also vor ca. 200 bis 190 Millionen Jahren, der Elasmosaurus mit seinem überlangen Hals aber in der Oberkreide vor ca. 84 bis 72 Millionen Jahren. Letzterer wurde im 19. Jahrhundert vom US-amerikanischen Wissenschaftler Edward Drinker Cope erstmals beschrieben. Allerdings hatte der Forscher die Wirbelanatomie missverstanden und den Kopf an den kurzen Schwanz statt an den langen Hals gesteckt – worauf ihn sein Freund und späterer Rivale Othniel Charles Marsh genüsslich hinwies.

36 Stunden rund um Réclère

1 Proviant: Auf dem Weg nach Réclère auf der Bio-Farm La Vaux den Proviant mit Fleisch und Käse vervollständigen.
2 Zeitreise: Gerüstet geht's in den Préhisto-Parc in Réclère, wo man unter all den Sauriern Nessie sucht.
3 Abenteuerlich Schlafen: Wer das Abenteuer fortsetzen will übernachtet im dazugehörigen Camping Les Grottes in einer der Jurten oder Bungalows.
4 Bequem schlafen: Wer nach all den schrecklichen Echsen mit ihren «gfürchigen» Zähnen lieber festere Mauern um sich hat, fährt nach Porrentruy ins Swiss Historic Hotel Auberge du Mouton.
5 Zu Nessie: In Porrentruy führen zwei Wege, möglicherweise zu Nessie: ein Besuch im naturhistorischen Museum Jurassica oder einer im Destillerie-Museum «O Vergers d'Ajoie».
6 Znacht: Burgers & Pommes vom Food-Truck «Jurassic Food».

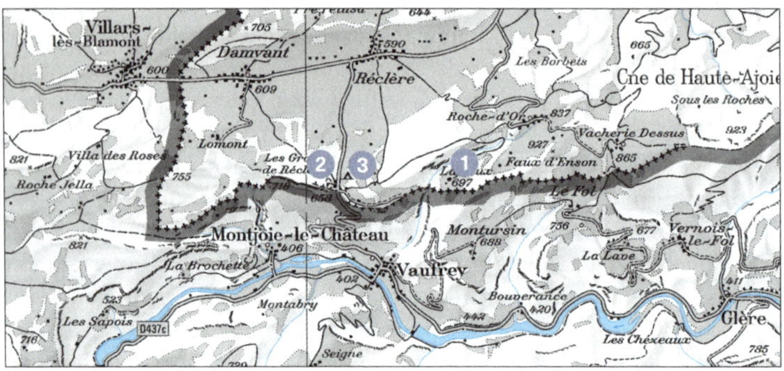

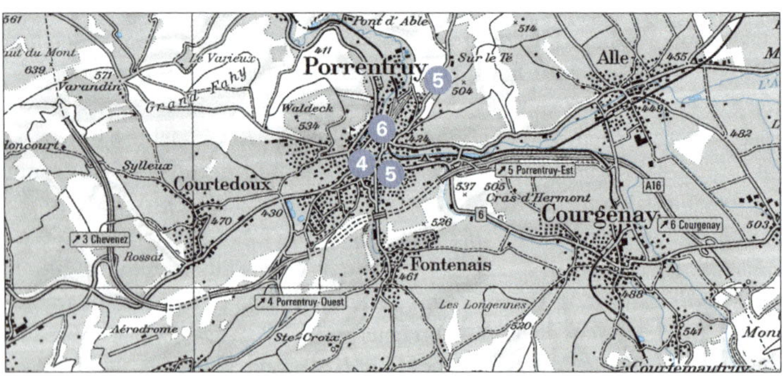

KARTE – © swisstopo (JM190029)

Fundorte
Nessie: Loch Ness?
Elasmosaurus: Nordamerika

Reisebegleiter

MUSIK
«I'm Gonna Be (500 Miles)» von The Proclaimers ist die perfekte Vorbereitung für jede Wanderung, während einem beim Losmarschieren der «Bag Rock» (Dudelsack-Rock) der Red Hot Chili Pipers ein wenig Schottland in die Ohren dudelt.

BUCH
Literarisch ans Loch Ness reist man in Sara Gruens «Die Frau am See». Nach Glasgow führt Gail Honeymans «Ich, Eleanor Oliphant». Und in Edinburgh, im Stadtteil Leith, spielt der Klassiker von Irvine Welsh: «Trainspotting».

ESSEN
Wer sich nicht gleich am Haggis versuchen will, kann ja stattdessen ein Mars (ja, den Schokoriegel) in einem Bierteig frittieren – oder fürs schottische Dessert Cranachan geschlagenen Rahm mit gerösteten Haferflocken, frischen Himbeeren, Honig und (natürlich!) gutem Whisky mischen.

FILM
Auch die Verfilmung von «Trainspotting» durch Danny Boyle mit Johnny Lee Miller und Ewan McGregor hat mittlerweile Kultstatus. Bonuswissen: Der Autor der Romanvorlage, Irvine Welsh, spielt darin eine Nebenrolle als Drogendealer. Zum Film «Angel's Share» über einen Whisky-Heist giesst man sich am besten selbst auch einen schottischen Single Malt ein. Wer doch lieber «Lebenswasser» aus den Schweizer Highlands trinkt, versucht den Säntis Malt aus dem Appenzell.

Immigration

Abstempeln bei:
Préhisto-Parc
in RÉCLÈRE.

Etappe 21

Indien

Bild – ralu.ch

Basel

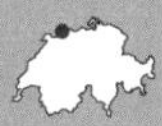

Passepartout springt

Doch am nächsten Morgen, kaum war es Tag, polterte Passepartout an die Schlafzimmertüre seines Herrn. Die Tür ging auf, der unerschütterliche Gentleman erschien im Türrahmen. «Was ist nun wieder los, Passepartout?» – «Was ist los, Herr? Ich habe soeben herausgefunden ...» – «Was denn?» – «Dass wir die Reise um die Erde auch in nur siebzig Tagen hätten machen können!» – «Weiss ich», wies Mr. Fogg seinen Diener zurecht. «Wir hätten nicht durch Indien zu fahren brauchen. Aber dann hätte ich Frau Aouda nicht retten können, sie wäre jetzt nicht meine Frau, und ...» – «Meine Flaschenpost!» ruft Passepartout. Ich schaue aus dem Buch hoch. Wir sitzen in Indien, am Fluss, unter einem Fischergalgen. «Dort schwimmt sie!» Sie reisst sich die Kleider vom Leib, springt in die Fluten und kommt mit der Weinflasche wieder heraus, die sie in Rotterdam, pardon, auf dem Oberalppass in den Bach geworfen hatte. «Erstaunlich», sage ich, noch ganz im Jules-Verne-Modus, «höchst erstaunlich. Aber nun sagen Sie, Passepartout: Warum fischen Sie Ihre eigene Flaschenpost aus dem Fluss? Wäre es nicht angebrachter, sie schwimmen zu lassen, um jemand anderem diese freudige Überraschung zuteil werden zu lassen?» – «Sie wissen ja nicht, was ich auf den Zettel geschrieben habe!», sagt Passepartout, zitternd vom kalten Wasser. «Nun denn?», sage ich. Passepartout grinst. «Mein lieber Mr. Fogg, das sage ich Ihnen erst, wenn wir die Wette gewonnen haben!» – «Na schön, dann mal los. Wir müssen noch nach Japan, Korsika und Afrika. Und wir haben weiss Gott keine Zeit zu verlieren.»

Die Fischernetze im Süden Indiens wurden im 13./14. Jahrhundert von Gesandten des chinesischen Kaisers eingeführt.

BILD – KEYSTONE/Branko de Lang

Geschäftige Lebensader

Kleine Holzhäuschen säumen oberhalb der Basler Wettsteinbrücke beide Ufer des Rheins. Im Mittelalter nannte man sie im Volksmund «Fischwoog» oder «Salmenwaage», heute sind sie eher als Fischer-galgen geläufig. Aufgrund ihrer früheren Bezeichnung geht man davon aus, dass die Häuschen für den Fang von Salm, beziehungsweise Lachs, genutzt wurden. Zum Glück sind grössere Tiere, wie sie die heilige Lebensader vieler indischer Städte, den Ganges, bevölkern – der Gangesdelfine, -krokodile oder der -haie – bis heute nicht gesichtet worden.Die Fischerei beschränkte sich hier also auf kleinere Fische, wie eben die Salme; sie waren hier über lange Zeit gerne und oft gesehen. Mithilfe der an Galgenvorrichtungen aufgehängten und ins Wasser versenkten Fischernetze wurden sie aus dem Fluss gezogen. Bevor im Rhein Staustufen gebaut wurden, floss das Wasser schneller durch die Stadt als heute. So zogen sich die Fische in ruhige Gefilde nahe des Ufers zurück. Bis ihnen eines der Netze zum Verhängnis wurde. Diese hingen an Schnüren, die der Fischer in seiner Hand hielt. So bemerkte er den Fang sofort: sobald ein Fisch im Netz hängengeblieben war, begann die Schnur zu ruckeln und der Fischer konnte den Abzughebel betätigen. Das Netz schnellte mithilfe des Hebelsystems aus dem Wasser empor.

Der Brauch, neben dem Galgen ein Häuschen zu errichten, entstand erst Ende des 19. Jahrhunderts. Viele Basler fingen damals an, ihre Galgenhäuschen am Wochenende als Rückzugsort zu nutzen und machten sie gemütlich. So bleibt das Rheinufer oberhalb der Wettsteinbrücke auch ohne Galgenfischerei von Leben und Geschäftigkeit erfüllt. Zwar reinigt das Schwimmen kaum von Sünden, dafür erfrischt es nach einem langen Tag wunderbar.

Ein Tag in Basel

Reisevorbereitung: Wer das indische Lebensgefühl auf seiner Haut spüren will, lässt sich mit Henna auf die Hand zeichnen.

1 **Gestärkt:** Bei Dabbawalas Indian Kitchen in der belebten Markthalle Basels gibt es allerlei Würziges zum Zmittag.

2 **Dickicht:** Im botanischen Garten im üppigen Grün liegen.

3 **Pulsieren:** Nahe den Fischergalgen am Rhein geht im «Rhin Bleu» abends die Post ab. Überquert wird der Rhein mit der Fähre.

4 **Seidige Träume:** Die Basler Jugendherberge war einst eine Seidenfabrik.

5 **Tempeltag:** Sich in der Rikscha zum Dreispitz pedalieren lassen und dort den Hindu-Tempel bestaunen.

6 **Tee:** In der Villa Merian einen Tee schlürfen. Im Englischen Garten durch die Rhododendren flanieren.

7 **Kunstallerlei:** Im Werkraum Warteck pp arbeiten Künstler aus aller Welt.

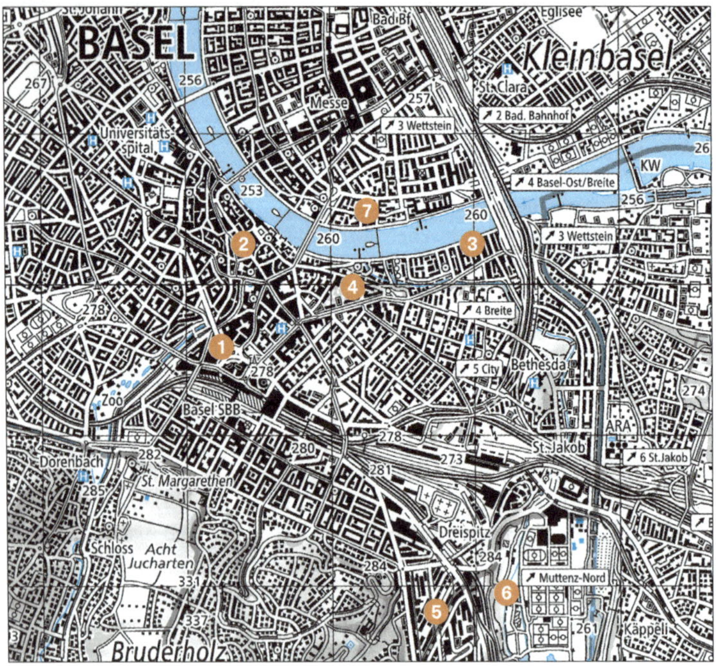

Grösster Fisch
Indischer Ozean: Walhai, bis 14 m
Rhein: Wels, bis 3 m

Reisebegleiter

MUSIK

Wes Andersons Film «Darjeeling Limited» ist eine bunte und skurrile Collage. Das Gefühl des Unterwegs-Seins in der Fremde spürt man in den Songs von Satyajit Ray wunderbar. Und für den romantischen Städtetrip zu zweit bringt einen der Soundtrack von Bollywoods «Lagaan» ganz schnell in hochverliebte Stimmung.

KUNST

Die indisch-britische Multimedia-Künstlerin Permi Jhooti lebt in Basel und London. In ihren Werken vermischen sich ihre Erfahrung in der IT und ihr Interesse an menschlicher Bewegung.

ESSEN

Die Geschmäcker einer Stadt bleiben noch lange im Mund zurück. Deshalb jeden Bissen ganz bewusst auf der Zunge zergehen lassen.

ERFINDERISCH

Eine dichte Mischung von Impressionen strömt einem entgegen, wenn man durch die Strassen Delhis spaziert. Wer beim Erkunden nichts verpassen will, der setzt sich am besten in eine Rikscha, schwingt sich aufs Velo oder geht zu Fuss los. Sonst verpasst man einfach zu viel. Und wer das Pedalieren mit einem filmischen Erlebnis kombinieren will, der geht ins Velokino. Hier können die Besucherinnen durchs Strampeln auf Velos selbst den elektrischen Strom für den Film generieren. Die ausgeklügelte Vorrichtung wird innerhalb der Stadt Zürich auf Wunsch überallhin transportiert.

Pravesh

Abstempeln bei:
Jugendherberge
BASEL.

Etappe 22

Korsika

Die wahre Freiheit:
Korsika am Vierwaldstättersee.

BILD – ETH-Bibliothek Zürich, Bildarchiv / Fotograf: Unbekannt / PK_012978 / Public Domain Mark

Meggen

Zu müde für ein Abenteuer

Die letzte Nacht unserer Reise verbringen wir in Korsika. Es ist Tag zwölf. Wenn nichts mehr dazwischenkommt, werden wir die Wette gewinnen. Erst jetzt, als es langsam zu Ende geht, merken wir, wie müde wir sind. Wir sitzen schweigend da und schauen den Wellen zu. Sie schlagen klein und regelmässig ans Ufer. «Sag mal, Passepartout», sage ich, «was verbindet den Vierwaldstättersee mit Korsika?» – «Die Freiheit!», sagt sie. «Die Korsen lieben ihre Freiheit, und die Eidgenossen auch!» – «Ach ja, die Freiheit», sage ich. «Was für ein grosser und missbrauchter Begriff.» – «Allerdings», sagt Passepartout, und fängt an, Janis Joplin zu singen. Dass Freiheit nur ein anderes Wort dafür sei, nichts mehr zu haben, das man verlieren kann. Ich denke an unser Häuschen auf vier Rädern. Mit immer noch viel zu viel Material, das wir in den letzten zwölf Tagen gar nie in der Hand hatten. Den Sonnenschirm. Die dreieckigen Campingstühle. Die Lichtgirlande. Den Pfadi-Kochtopf. Den Laptop-Lade-Adapter. Die Rad Arretierkeile. «Ach», seufze ich, «es braucht so wenig, um frei wie ein Korse und eine Korsin zu sein!» Dann schweigen wir wieder. Und ich könnte jetzt so frei sein, einen Korsen und eine Korsin zu erfinden, die lautlos in einem Boot an den Strand gefahren kommen und behaupten, sie seien freier als wir, was in eine mordsmässige Keilerei mündet, gefolgt von einem mordsmässigen Besäufnis und dem Schwur der ewigen Freundschaft zum Abschied, aber ganz ehrlich: für solcherlei Abenteuer sind wir beide viel zu müde.

Vom 1000 km langen Küstenstreifen des buchtenreichen Korsika sind rund zwei Drittel Felsküste.

Bild – www.badi-info.ch

Wilde Küste

Auf einer kleinen verwunschenen Insel im Vierwaldstättersee, direkt vor den Ufern Meggens gelegen, bauten die Habsburger einst eine Burg. Wie die Korsen mit den Franzosen, fochten die Eidgenossen mit den Habsburgern über lange Zeit ihre Kämpfe aus. Um das Jahr 1240 wurde die Burg auf der Insel von den Eschenbachern und Luzernern dem Inselboden gleichgemacht. Übrig geblieben sind zwei Mauerreste und ein knapp drei Meter hoher Turmstumpf. Wer vom Ufer weg hinaus in Richtung Altstad-Insel schwimmt, der sieht die Mauern der Ruine durch das Grün der Bäume lugen. Später, lange Zeit nach dem Niedergang der Habsburger, wurden auf der Liegenschaft Altstad die für Meggen und Luzern bestimmten Waren zwischengelagert. Der Lagerschuppen aus jener Zeit ist auf alten Stichen noch zu sehen, er steht allerdings heute nicht mehr. Das heutige Gärtnerhaus, direkt am Seeufer war eine Taverne, wo sich die Schiffer und Passagiere stärkten oder bei Sturm Unterschlupf fanden.

Auch die kleinen Buchten, die die Küste Meggens am Luzernerbecken säumen, haben wilde Zeiten durchlebt. Davon erzählt der kleine hölzerne Spycher, der einst in der Bucht neben einer Christusstatue am See stand und als Badehaus diente. Weil er immer wieder beschädigt wurde, machten die Meggener kurzen Prozess und versetzten ihn 1984 neben die Meggenhornscheune, wo er heute besichtigt werden kann. aWer von den Buchten hinauf zum Meggerwald spaziert, der findet die eigenwillige Flora der Feuchtbiotope. In drei im Wald gelegenen Teichen finden Lurche und Libellen eine kleine Wildnis und seltene Pflanzen nährhaften Boden zum Gedeihen. Wer hier im Grün am Wasser sitzt, kann sich zu den verwunschenen Flussläufen in Korsikas Bergen träumen.

24 Stunden rund ums Meggenhorn

Reisevorbereitung: Kulinarische Entdecker starten am besten mit würzigem Espresso und knusprigem Croissant in den Tag.

1 **Wasserblick:** In der Sunset Bar nahe des Yachthafens von Luzern einen Drink geniessen.

2 **Fischvergnügen:** Danach gibt's auf der Hotelterrasse des Hermitage frische Eglifilets.

3 **Wildnis:** Am nächsten Tag durch den Meggerwald bis nach Küssnacht wandern. Besonders idyllisch ist das Wagenmoos.

4 **Freiheitskämpfer:** Zur Gesslerburg-Ruine spazieren, wo der tyrannische Landvogt gehaust haben soll, bis ihm Wilhelm Tell einst auflauerte.

5 **Auf See:** Von Küssnacht mit dem Schiff zurück nach Meggen.

6 **Wein:** Auf dem Weingut Letten am See einen Tropfen holen und zu einer der Buchten flanieren.

7 **Wilde Riviera:** In der Badebucht bei der St. Niklaus Insel den Felsen entlangschwimmen und nach Fischen Ausschau halten.

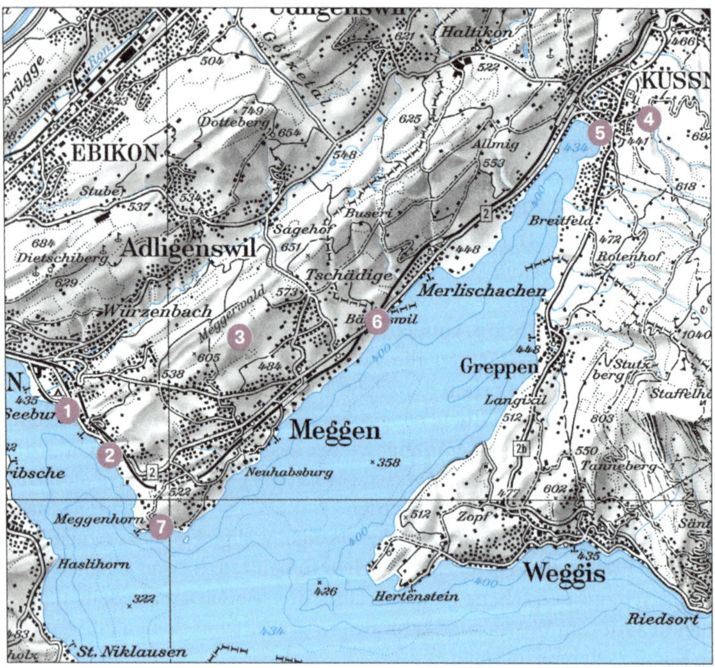

KARTE – © swisstopo (JM190029)

Küstengebiet
Küsten Korsika: 1000 km
Küste Meggens: 5,5 km

Reisebegleiter

MUSIK

Von den Bewohnern Ajaccios liebevoll «Tintin» genannt, ist Tino Rossi vor allem für seine romantischen Balladen bekannt. 1907 als Sohn eines Schneiders auf Korsika geboren, zog er mit seiner Gitarre zunächst durch die Lokale Ajaccios und später Marseilles. Um seinen Beitrag zur Verbreitung der französischen Kultur zu würdigen, wurde er 1982 von Präsident François Mitterrand zum Kommandeur der Ehrenlegion ernannt. Sich auf Abendstimmungen am See und an dahinplätschernden Flussläufen einstimmen kann man sich mit der eigenwilligen korsischen Paghjella. Die bekannteste Gruppe ist I Muvrini.

ESSEN

Der Brocciu corse ist der «König der korsischen Käse». Auch aus Schafs- oder Ziegenmilch und würzig fein ist zum Beispiel der Weisse Stanser aus roher Schafmilch.

SCHUTZHEILIGE

Jede Kirche und jede Ortschaft besitzt auf Korsika einen Schutzheiligen. Das ganze Jahr über werden Messen und Prozessionen zelebriert. In katholischen Örtchen kann man nach Schutzheiligen-Statuen Ausschau halten und sich ins aufgewühlte Gemüt eines Seefahrers hineinfühlen.

BADEN

Die Korsen baden sehr gerne nackt. Hierzulande handhaben wir das etwas prüder, wer gerne «au naturel» untertauchen will, sucht sich am besten einen einsamen Bergbach in einem verwunschenen Wald.

Entrée

Abstempeln bei:
Herr & Frau Sigrist,
Weingut LETTEN AM SEE.

Etappe 23

Japan

Bild – Felsentor

Rigi

Der Mönch gibt uns Rätsel auf

«In Japan gibt es Mönche, die auf dem Weg zur Erleuchtung tausend Mal den gleichen Berg umrunden. Nacht für Nacht gehen sie los, laufen von dreissig bis über achtzig Kilometer, in einfachen Sandalen.» Passepartout hört gar nicht zu, sie beobachtet eine Singdrossel. Unter riesigen Felsen hindurch nähern wir uns dem japanischen Tempel. Aus der Felsgrotte kommt eine Gestalt geschlichen, mehr Schatten als Mensch. In weisse Tücher gehüllt, den Kopf kahlrasiert, die Füsse in Strohsandalen. Er winkt uns zu sich. Er habe gehört, flüstert er, dass wir eine Reise gemacht hätten, um die ganze Welt. Wir nicken. Er möchte wissen, wie es so sei, auf der Welt, ob wir ihm bitte erzählen könnten. Aber gern, sagen wir, setzen uns auf ein Brett, das in der Grotte als Bank dient und erzählen ihm unsere Reise, vom Boot in den Everglades, vom Känguru, von der Keilerei im Tempel, vom kitzligen Cristo, vom Kunkel-Spass und den spinnenden Briten, vom spanischen Stier und der chinesischen Mauer, vom Geysir der Wahrheit und den holländischen Bergen, von Zeus' Felsblöcken und den Bienenfressern von San Francisco, von der Saftquelle und der Flucht aus Russland, vom hawaiianischen Vorhang und den Flüchtlingen auf dem Meer, von den Vögeln in Panama und dem Affen auf dem Berg, von Flamingos und Dinosauriern, und von Passepartouts Flaschenpost in Indien. Der Mönch bedankt sich und steckt uns, bevor er davonschleicht, ein Zettelchen zu. Die vier grossen Gelübde stehen drauf. Das letzte lautet: «Das grosse Geheimnis ist unergründlich; ich gelobe, es zu verwirklichen.»

Bild – Felsentor

Einkehr:
Der Zen-Tempel
beim Felsentor.

Der Berg der aufgehenden Sonne

Text – Stephanie Elmer

Der Name «*Japan*» setzt sich aus den Zeichen *ni* für «*Sonne*» und *hon* für «*Beginn*» zusammen. Mark Twain hingegen träumte vom Sonnenaufgang auf der Rigi. Der ist wundervoll – und half dem Berg Königin zu werden.

Auch Mark Twain kam einst beim Felsentor vorbei, als er 1878 mit seinem Begleiter durch die Schweiz reiste. «Mitten am Nachmittag schritten wir durch einen ungeheuren, natürlichen Torweg, das ‹Felsentor›, das durch zwei riesige aufrechtstehende und einen dritten oben quer darüberliegenden Felsen gebildet wird», schrieb er nachher in seinem Reisebericht «A Tramp Abroad». Und auch wenn das Berghotel – das heute zur Stiftung Felsentor gehört – durchaus einladend auf den Literaten wirkte, schritt er ohne Rast weiter in die Höhe. Schliesslich hatte er ein Vorhaben: «Alles um uns war vollkommen – und die Vorfreude auch, denn bald sollten wir zum erstenmal dieses wunderbare Schauspiel, einen Sonnenaufgang in den Alpen geniessen – das Ziel unserer Fahrt.»

Dass er dabei auf seiner Reise durch die Schweiz auch auf die Rigi steigen wollte, war wohl kein Zufall. Denn dass die Rigi zu dem wurde, was sie heute ist – einer der meistbesuchten Touristen-Hotspots der Schweiz – hat historisch betrachtet weniger mit ihrem Aussehen zu tun, als vielmehr mit der

Aussicht. Denn was zu dieser Zeit zählte, war nicht der Blick von unten, sondern der Blick von oben. Und dass dieser von der Rigi atemberaubend war, wussten auch die Schweiz-Reisenden. «Rings die Herrlichkeit der Welt», schrieb etwa Goethe drei Jahre vor Twain über die Rigi-Besteigung auf seiner Schweizer Reise in sein Tagebuch. Und Twain seinerseits hielt rückblickend für den Leser fest: «Der Rigi-Kulm ist ein imposantes, sechstausend Fuss hohes Alpenmassiv, das für sich steht und eine herrliche Aussicht auf blaue Seen, grüne Täler und schneebedeckte Berge bietet – ein dichtes gedrängtes und grossartiges Landschaftsbild mit einem Umkreis von dreihundert Meilen.»

Wie wichtig die Aussicht beziehungsweise Aussichtspunkte waren zeigt auch ein anderes Phänomen, das den Zeitgeist jener Jahre in sich trägt: das Panorama. Im 18. Jahrhundert wurde damit noch ein Rundgemälde bezeichnet, das dem Besucher ermöglichte, visuell in eine ganze Landschaft oder Szenerie einzutauchen, Später tauchte der Begriff wieder auf: für den Abdruck einer Landschaft in einem Winkel gezeichnet, die dem Auge auf einen Blick vorenthalten ist. Später wurde diese Art der Landschaftsbilder mit den Namen der einzelen Berggipfel ergänzt.

Twains Vorhaben indessen, den damals schon berühmten Sonnenaufgang zu bestaunen, stand unter keinem guten Stern. Er und sein Begleiter waren so erschöpft, dass sie den ersten Versuchen verschliefen. Auch der zweite Versuch scheiterte. Als sie aufwachten, stellten sie missmutig fest, dass es bereits halb vier Uhr nachmittags war. Doch dann, schreibt er, «hoben sich unsere Lebensgeister ein bisschen, da wir dem Reisehandbuch entnahmen, dass der Tourist in den Hotels auf dem Gipfel zum Sonnenaufgang nicht dem Glück überlassen bleibt, sondern rechtzeitig durch einen Mann geweckt wird, der mit einem grossen Alphorn durch die Gänge geht und so laut darauf blast, dass die Toten aufwachen. Und es gab noch ein tröstliche Sache: Das Reisehandbuch sagte, dass sich die Gäste da oben auf dem Gipfel nicht damit aufhielten, sich gross anzuziehen, sondern eine rote Wolldecke schnappten und in der Aufmachung von Indianern hinausliefen.»

Den ersten Hornruf verschlafen die beiden Reisenden erneut, bestaunen stattdessen den Sonnuntergang, statt den Sonnenaufgang. Als das Alphorn an einem weiteren Tag endlich zu wecken vermag, wünscht sich Twain «die Sonne würde mitten am Tag aufgehen, wenn es warm, hell und freundlich wäre und man sich nicht müde fühlte.» Ob es klappte auf dem Gipfel zu stehen, während die Sonne den Tag mit einem Blinzeln über die umliegenden Berge wachküsste – das hingegen sei hier nicht verraten.

Stephanie Elmer ist transhelvetische Redakteurin. Und wus-ste erst nach dem ersten Gipfel-Sonnenaufgang, weshalb aus dem Berg eine Königin wurde.

Buddha erlangte seine tiefsten Einsichten während der Meditation.

BILD — Felsentor

Hinter dem Felsentor

«Beschränke alles aufs Wesentliche, aber entferne nicht die Poesie», heisst es zusammenfassend für die japanische Ästhetik-Philosophie «Wabi-Sabi». Ein Grundsatz, der einem auch auf der Reise ins Felsentor begegnet. Der Ort ist von zauberhafter Schönheit. Einladend, ohne aufdringlich zu sein, bescheiden und doch beseelt und voller Poesie, offenbart er sich nach dem Gang durchs Tor aus Felsen. Der Blick schweift über den Vierwaldstättersee. Und wird frei für das Wesentliche.

Als wären das nicht schon genug japanische Attribute, wurde hier 1999 vom Zen-Priester Vanja Palmers und dem Benediktinermönch Bruder David Steindl-Rast die Stiftung Felsentor gegründet und dafür ein Zen-Tempel nach japanischem Vorbild errichtet. Dieser steht als ruhender Pol, fremd und zugleich tief verwurzelt in der Landschaft. Unmittelbar neben dem stattlichen Berghaus, das Mitte des 19. Jahrhunderts gebaut wurde und als Wohnhaus ebenfalls zur Stiftung gehört. Dass die Stiftung dabei ausgerechnet am Wegesrand zu einem der touristischen Berg-Hotspots zu Hause ist, ist auch Teil der Geschichte. Denn viele der Besucher kommen hier zur Ruhe – nicht nur in der offenen Meditation, die wöchentlich durchgeführt wird. Für viele, die hierher kommen, ist das Felsentor eine Heimat auf Zeit. Ein Wegbegleiter. Das gilt auch für Vierbeiner. Als vor ein paar Jahren ein Stier dem Schlachthof und somit seinem Schicksal entfloh und Vanja Palmer von dem freiheitsliebenden Tier in der Zeitung las, nahm er ihn auf und gründete auf dem Felsentor zusätzlich eine Tierschutzstelle mit dazugehörendem Altersheim für Nutztiere. Dieses wird heute von der Franziskaner Schwester Theresia geleitet.Es ist ein Ort, an dem Welten aufeinander prallen und schliesslich ineinander verschmelzen.

24 Stunden bei der Rigi

1 **Zeitreise:** Mit dem historischen Raddampfer bis nach dem schönen Weggis tuckern.
2 **Frühstück:** Kaffee und Gipfeli gibt's beim Café Dahinden am See.
3 **Stille:** Zur Stiftung Felsentor wandern, im Gartencafé eine Stärkung einnehmen und der Stille lauschen.
4 **Hotspot:** Bis zum Gipfel der Rigi wandern und sich die Scharen an japanischen Touristen vorstellen, die sich hier normalerweise tummeln. Oder auf die Rigibahn hüpfen – den ersten Hightech-Zug Europas.
5 **Kräutergarten:** Im Restaurant Regina Montium zu einem kulinarischen Spaziergang durch den Kräutergarten des Restaurants aufbrechen. Danach müde und glücklich in ein Gästebett fallen.
6 **Auf hoher See:** Nach dem Bio-Frühstück zurück nach Weggis wandern, beim «Lüüchttürmli» ein Pedalo ausleihen und auf's Wasser.

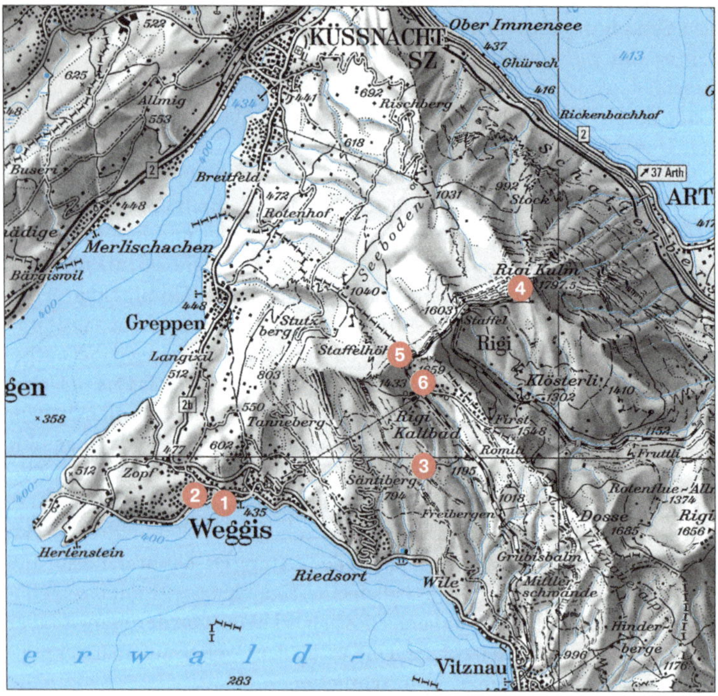

Karte – © swisstopo (JM190029)

Höhe über Meer
Fuji: 3776 m ü.M.
Rigi: 1798 m ü.M.

Reisebegleiter

KULINARIK

Süss, sauer, salzig, bitter und umami – die ersten vier Geschmäcker sind wohl bekannt, der letzte eher eine Neuheit. Benannt hat ihn der japanische Chemiker Kikunae Ikeda bereits 1909. Umami schmecken zum Beispiel getrocknete Tomaten, Parmesan oder Sojasauce.

FILM

Kaum jemand in der Schweiz kennt sie nicht: die Zeichentrickserie «Heidi» aus dem Jahr 1974. Weniger bekannt ist hingegen, dass es sich dabei um eine japanische Produktion handelt. Die Macher der Serie waren später an der Gründung des Studio Ghibli beteiligt, das für Animationsfilme wie «Chihiros Reise ins Zauberland» bekannt ist.

NATUR

Im Walliser Tal von Tortin bei Nendaz liegt der Japanische Garten, eine idyllische Landschaft, durch die sich ein schmaler Bach windet und deren Felsen sorgfältig platziert scheinen. Auch wenn es sein Name vermuten lässt, wurde der Japanische Garten nicht von Menschenhand angelegt, sondern ist vollkommen naturbelassen. Ausgangspunkt für die rund zweistündige Wanderung zum Japanischen Garten ist die Ortschaft Siviez.

KUNST

Der japanische Koch Itsuo Kobayashi hat seine Mahlzeiten schon lange vor Instagram abgebildet. Anstatt zur Fotokamera greift er zum Stift und hat in den letzten 32 Jahren über 1000 Zeichnungen von seinem Essen angefertigt.

Entori

Abstempeln bei:
Der Stiftung Felsentor
auf dem Weg zur Rigi.

Etappe 24

Kenia

Besser als nach Afrika fliegen: Die Lewa Savanne in Zürich.

BILD – Zoo Zürich, Marco Schaffner

Zürich

Weiss der Kuckuck!

Vor Afrika steht eine Schlange. Aus Menschen. Macht nichts. Schliesslich gibt es welche, die uns davon erzählen können. Wir beamen uns nach Damphreux und fragen die Störche. Die fliegen jedes Jahr rund 10 000 Kilometer bis nach Südafrika und im Frühling den ganzen Weg wieder zurück. Hatten wir geglaubt. Aber der Storch schüttelt nur den Kopf. Er fliege schon lang nicht mehr Langstrecke, sagt er. Über den Winter gehe er nach Spanien, da gäbe es tolle Mülldeponien. Ein paar seiner Kollegen würden noch nach Marokko fliegen, andere blieben ganz da. Dann fragen wir eben den Kuckuck vom Neuenburgersee. Ja, er fliege noch nach Afrika, sagt er, aber er sei kräftig am Umdisponieren. Wenn seine Wirtsvögel zu früh anfingen, zu brüten, weil es schon so warm sei, dann habe er das Nachsehen. Und dann sagt er noch, er hätte eine Bitte. Ob wir nicht unsererseits aufhören könnten, um die ganze Welt zu fliegen, da wir leider die Wildnis zerstörten, indem wir sie ums Verrecken bereisen müssten. Wir nicken betreten und treten endlich ein, in die Lewa Savanne im Zürcher Zoo. Dann steigen wir ein letztes Mal ins Auto und tuckern aus Afrika zurück in die Redaktion. «Da bin ich, meine Herren!», sagte Phileas Fogg. Wir brauchen gar nichts zu sagen: Passepartout fährt den Wagen vor und hupt. Grosses Hallo. An der Wand hängen all die Selfies, die wir von jedem Ort geschickt hatten. Geschafft! Wette gewonnen! Zähneknirschend hängen sie das Kanu von der Decke ab. Passepartout zwinkert mir zu. «Kanu?» – «Warum nicht», sage ich, «aber lass mich erstmal duschen.».

BILD – Zoo Zürich, Goran Basic

Teshi und Rami erkunden
die Zürcher Savanne
mit Baobab und Safaribus.

Ushindi unterm Baobab

Text – Claudia Walder

Kenia ist auf dem Zürichberg. Der Zoo Zürich lädt seine Besucher mit der neuen Lewa Savanne auf eine Safari ein, auf der man Giraffen, Grevyzebras und Nashörnern begegnet.

Was macht eine Wiese zur Savanne? Wie kommt Kenia auf den Zürichberg? Vielleicht tragen es die Nashörner auf ihrer grauen, ledrigen Haut, vielleicht haben es die Grevyzebras zwischen ihren Streifen versteckt. «Die Tiere sind schon das Wesentliche», sagt Zoodirektor Alex Rübel und schaut zufrieden auf die neue Anlage des Zoo Zürich hinaus. Dort staksen Giraffen zwischen hohen Grasbüscheln und untersuchen die Zäune. Strausse liegen in einer Sandkuhle und plustern sich auf, nur um dann doch Reissaus zu nehmen, als die Giraffen in ihre Richtung schlendern. Etwas weiter hinten: Säbelantilopen mit ihrem beeindruckenden Kopfschmuck, Impalas und die bedrohten Grevyzebras, deren unerwartet grosse, runde Ohren unablässig spielen, die Gegend nach ungewohnten Geräuschen absuchend. Aus der Ferne verschwimmt ihr so präzise gezeichnetes Streifenmuster und wirkt beinahe grau. Dazwischen, die Baobab-Attrappen, die die Landschaft klar auf dem afrikanischen Kontinent verorten, und sogenannte «Schirmbäume». Auch sie prägen unser Bild von der Savanne, mit ihren kahlen Stämmen und himmelwärts gerichteten Ästen, die sich in der Höhe zu flachen, schirmartigen Kronen ausweiten. «Für unsere Anlage haben wir allerdings einheimische Baumarten gewählt und diese dann in der gewünschten Form herangezogen», erklärt Alex Rübel. Es ist nicht nur das Aussehen, das die Mühe lohnt, auch praktische Gründe sprechen für diese Form. Denn mit ihrem Blätterdach auf sechs Metern Höhe sind die Kronen aus der Reichweite der gefrässigen Giraffen.

AUF LANGE SICHT

Das Heranziehen der Bäume für die Lewa Savanne des Zoos hat vor acht Jahren begonnen, die Planung schon viel früher. Als Alex Rübel 1991 als Direktor zur beliebten Zürcher Institution kam, kam er mit einer Idee: er wollte den Grundsatz des Zoo-Pioniers und früheren Zoodirektors Heini Hediger «Territorien statt Käfige» noch radikaler umsetzen und sich mit dem Zoo Zürich noch konsequenter im Naturschutz engagieren. So entstand der «Masterplan». Dieser sah die Umgestaltung der Anlagen zu neuen, oft grossflächigeren Lebensräumen vor, welche nicht einzelne Tierarten ausstellen, sondern ganze Habitate erlebbar machen. Und er sah neue Partnerschaften für den Naturschutz vor. Für beides ist die Lewa Savanne ein schönes Beispiel. Für den Schweizer Besucher wird, von der Eingangsschlucht mit ihren rötlichen Felswänden über die Graslandschaft im Zentrum der Anlage bis zu den grossen, runden Kopjefelsen, eine Landschaft geschaffen, auf der er sich wie auf Safari fühlen kann. Gleichzeitig symbolisiert die Zürcher Lewa Savanne die Partnerschaft mit der Lewa Wildlife Conservancy in Kenia, einem Schutzgebiet, das in den 1980er-Jahren aus einer Rinderfarm heraus entstanden ist und seit 2013 zum UNESCO-Weltnaturerbe gehört. Dort werden die Mittel des Zoo Zürich unter anderem für den Schutz der Spitz- und Breitmaulnashörner eingesetzt. Mit Erfolg, der allerdings Ende 2019 leicht getrübt wurde: Im Dezember jenes Jahres wurden im Lewa Wildlife Conservancy zum ersten Mal seit 2013 wieder Nashörner gewildert.

Die Nashörner sind für Alex Rübel auch in der Zürcher Lewa Savanne die beeindruckendsten Tiere. Die vier grauen Riesen mit ihren jeweils zwei Nasenhörnen kommen aus einem Zoo in Israel und sind per Luftfracht in die Schweiz gereist – wo sie von Alex Rübel persönlich am Flughafen in Empfang genommen wurden. Wobei es mittlerweile vier Riesen und ein Zwerg sind, denn Nashornweibchen Tanda ist bereits trächtig in Zürich angekommen. Am 7. Mai 2020 ist die kleine Ushindi, deren Name auf Swahili «Sieg, Erfolg» bedeutet, im Zoo zur Welt gekommen. Zuchtprogramme und die finanzielle Unterstützung von Partnern vor Ort sind aber nur zwei der Wege, wie sich der Zoo Zürich für den Naturschutz und bedrohte Arten wie das Nashorn oder die Grevyzebras einsetzt. «Unser grösstes Ziel ist, die Menschen für die Tiere zu begeistern», sagt Alex Rübel und fügt an: «Denn nur dann werden sie sich auch für deren Schutz einsetzen.»

Claudia Walder ist transhelvetische Redakteurin und hört in der Lewa Savanne gerne den Graupapageien zu. Besonders, wenn die Klingeltöne nachahmen.

In kenianischen Dörfern
ist der Coiffeursalon
ein wichtiger Treffpunkt.

BILD – Zoo Zürich, Goran Basic

Begegnungen am Wasserloch

Alle treffen sich am Wasserloch: die schön gezeichneten, aber bedrohten Grevyzebras, die langhalsigen, hochbeinigen Giraffen, die die Beine schräg anwinkeln müssen, damit sie trinken können, die Säbelantilopen und Impalas, die Strausse mit ihren kleinen Köpfen und grossen Augen – und natürlich die Breitmaulnashörner mit ihrer ledrigen Haut. Und auch wenn es so aussieht, wir befinden uns nicht in Kenia, sondern auf dem Zürichberg, in der neusten und mit 5,6 Hektaren grössten Anlage des Zoo Zürich. Herzstück der «Lewa Savanne» ist eine Graslandschaft mit Wasserloch, deren Vorbild ein Naturschutzpartner in Afrika ist: die Lewa Wildlife Conservancy, ein Wildtier-Reservat in Kenia, wo ein lokal breit abgestütztes Schutzkonzept zur Erhaltung der bedrohten Arten beiträgt. Aber nicht nur die Tiere sollen die Zoobesucher auf dem Zürichberg auf den südlichen Kontinent und in den fremden Lebensraum versetzen, auch die Umgebung ist entsprechend gestaltet. So zeichnen künstliche Baobab-Bäume ihre unverkennbare Silhouette in den Himmel und runde Felsbrocken, sogenannte Kopjefelsen, ahmen typische Landschaftsmerkmale Ostafrikas nach. Zwischen diesen befinden sich auch das Stachelschwein- und das Hyänengehege. Die Hyänen, die grösser sind, als man sie sich vielleicht vorstellt, dominieren laut Zoodirektor Dr. Alex Rübel das nächtliche Klangbild der Savanne – wovon man sich bei einer Übernachtung in den Safarizelten im Zoo selbst überzeugen kann. Besonders schön ist es, wenn man beim Beobachten des friedvollen Hin und Hers zwischen Grasbüscheln, Sandkuhlen und Schirmbäumen einen Blick auf das im Mai 2020 im Zoo geborene Nashornkalb Ushindi erhascht. Mehr kann man sich für eine Safari eigentlich nicht wünschen.

24 Stunden für die Big 5 in Zürich

Tropenhüte aufgesetzt! Wir begeben uns auf Safari in Zürich und suchen die Big 5: Löwe, Leopard, Büffel, Nashorn und Elefant. Scharf geschossen wird nur mit der Kamera.

1 **Zmittag in Uganda:** Im Restaurant African Queen in der Stampfenbachstrasse bei Gerry Kasaija.

2 **Flussfahrt:** Humphrey Bogart schippert in «African Queen» durch Uganda, wir mit dem Limmatschiff bis zum Bürkliplatz.

3 **Grosskatzensafari:** Vom Bürkliplatz zum Hotel Baur au Lac, wo im eisernen Gitter Löwen warten. Dann zum Ostafrikanischen alias Schanzengraben, der zum nächsten Wasserloch führt, dem Löwenbrunnen von Otto Münch. Auf der Stauffacherbrücke sonnen sich vier weitere Grosskatzen. Gegen den Löwenhunger gibt's im Hiltl an der Sihlstrasse Löwenküsse und im Lion Pub an der Bahnhofstrasse eine Erfrischung. Im Rennweg beim Hotel Widder entdecken wir an der Fassade eine gemalte Katze, äh, einen Leoparden mit Brille. Die Safari endet bei der Tramhaltestelle Rathaus, wo ein goldener «Zürileu» fürs Selfie wartet.

4 **Büffelsichtung:** Ist das dort im ersten Stock des Hotel Adlers im Niederdorf eine Kuh ... oder doch ein Büffel?

5 **Nacht in der Savanne:**
Auf dem Zürichberg bietet der Zoo Zürich in der neuen Lewa Savanna eine Übernachtung mit Abendessen im Safarizelt an. Neben dem Sonnenuntergangsbesuch bei den Nashörnern gehört dazu auch eine Morgenrunde bei den Elefanten – das letzte Häkchen der Big 5!

KARTE – © swisstopo (JM190029)

Alter
Baobab: bis 2000 Jahre
Buche: bis 320 Jahre

Reisebegleiter

FILM
Im Film «African Queen» von 1951 schlagen sich Humphrey Bogart und Kathrine Hepburn auf einem alten Dampfschiff während des Ersten Weltkriegs durch Uganda. Im Kenia der 1920er- und 30er-Jahre spielt der Film «Jenseits von Afrika» mit Meryl Streep und Robert Redford, der auf der Autobiografie der dänischen Auswandererin und Schriftstellerin Karen Blixen basiert.

BUCH
Eine Auswanderung nach Kenia in den 1980er-Jahren beschreibt das autobiografische Buch «Die weisse Massai» von Corinne Hofmann. Wer nicht nur die europäische Perspektive auf Kenia «erlesen» möchte, steckt die Nase in Bücher wie zum Beispiel «Der Herr der Krähen» des kenianischen Autors und Kulturwissenschaftlers Ngũgĩ wa Thiong'o oder, für leichtere Kost, in «Happy Valley» von Meja Mwangi.

SPRACHE
Rund 70 Sprachen gibt es in Kenia, die zwei offiziellen sind Englisch und Swahili. Deshalb: in der Buchhandlung einen Swahili-Sprachkurs bestellen und die Kenntnisse dann mit dem zweisprachigen Kinderbuch «Schlaf gut, kleiner Wolf» von Ulrich Renz testen.

MUSIK
Ein bisschen kenianisches Lebensgefühl kommt mit der Musikrichtung Benga auf, zum Beispiel bei der Band «Shirati Jazz Band» aus den 1960ern oder mit Dola Kabarry.

Kuingia

Abstempeln bei:
Transhelvetica,
BAHNHOF LETTEN.

Etappe 25

Thailand

Zürich

Schwerelose Taucher im Kaeng Krachan Elefantenpark von Zürich

Elefanten sind die einzigen Säugetiere, welche längere Zeit tauchen können, indem sie den Rüssel als Schnorchel nutzen.

BILD – KEYSTONE/René Ruis

Zum 75. Geburtstag hat der Verschönerungsverein Zürich den Elefanten im Elefantenbach 1973 wieder instand gestellt.

Bild: KEYSTONE/PHOTOPRESS-ARCHIV/Klose

Der Arbeitselefant von Witikon

Das thailändische Königshaus hat einen starken Bezug zur Schweiz, weil viele Prinzen und Prinzessinnen Schweizer Schulen besucht haben. So auch der 2016 verstorbene König Bhumibol, der 70 Jahre lang auf dem thailändischen Thron sass.

Er kam 1933 zusammen mit seinem zwei Jahre älteren Bruder in die Schweiz und blieb mit ihm zusammen bis über den zweiten Weltkrieg hinaus hier, obwohl 1935 zuerst der Bruder und nach dessen Tod 1946 Bhumibol selber die gekrönten Könige Thailands waren.

Und vielleicht haben die beiden ihr Heimweh ja im Elefantenbach in Zürich gestillt? Denn obwohl in Zürich der Löwe das Sagen hat, laufen ihm die Elefanten den Rang ab, je näher man dem Quartier Witikon kommt: Elefantengarage, Elefanten-Statue, Elefantenbach und schliesslich, mitten im Tobel, ein asiatischer Elefant, der Wasser durch die Luft wirbelt. Der Elefant ist das inoffizielle Wappentier des Stadtquartiers geworden, doch niemand weiss so recht weshalb. Die meisten Theorien sind abenteuerlich, wie etwa der Verweis auf die Durchreise von Hannibal, oder rundweg erfunden, wie die Behauptung, dass die Elefanten des Zürcher Zoos an diesem Bach mit Wasser hätten spielen dürfen. Vermutlich geht der Name auf eine Felsformationen bei der «Schlyfi» zurück, in der mit etwas Phantasie versteinerte Elefanten zu sehen sind.

Sicher ist, dass der Betonelefant seit 1898 im Tobel steht und das unscheinbare Täli mit Exotik und Abenteuer füllt.

Ob er den Elefanten gesehen hat oder nicht: bis 1964 verbrachte Bhumibol viel Zeit in der Schweiz. Dann kehrte er nach Thailand zurück und blieb bis zu seinem Tod mehrheitlich im Land, das ihn wie ein Gott verehrte.

24 Stunden in Zürich

1 Das **Hotel Zürichberg** bietet wunderbare Weitsicht über den See bis in die Alpen hinein. Je nach Stimmung und Windrichtung hört man Nachts die Elefanten trompeten, die im nahen Zoo Zürich die grandiose Elefantenanlage beleben.
2 Das in einem wunderbaren Park gelegene **Rietbergmuseum** ist eines der herausragendsten Museen für aussereuropäische Kultur. Es hat eine beachtliche Sammlung von Keramiken, Buddha-Figuren und Terrakottatafeln aus Südostasien.
3 Der Zürcher Pop-Up Papst Vale Fritz betreibt seit einigen Jahren das Thailändische Restaurant **Soi Thai**, das im Sommer während einem Monat Gerichte mit thailändischer Schärfe anbietet. Wer zum rechten Zeitpunkt in der Stadt ist, sollte sich einen Besuch schenken.
4 Zu allen anderen Zeiten bietet das gepflegte **Zawan** hervorragende thailändische Küche in einem eleganten Rahmen.
5 Wer es lieber authentischer mag, der besucht das laute, helle und stets gut gefüllte Restaurant **Ah hua** in der Nähe der Langstrasse.
6 Für die erfolgreiche Elefantenjagd empfehlen wir eine Dschungelsafari im **Elefantenbach**, wo ein Elefant rund ums Jahr Gross und Klein mit frischem Wasser abkühlt.
7 Vor der Heimreise lohnt sich ein Besuch des **Chiang Mai Shop**, der neben frisch importierten Lebensmitteln auch Spielsachen und Accessoire aus Thailand anbietet.

Karte – © swisstopo (JM190029)

Höhe:
Asiatischer Elefant: ca. 280 cm
Elefant im Elefantenbach: ca. 250 cm

Reisebegleiter

FILM

Die Verfilmung des Buches «The Beach» mit Leonardo di Caprio aus dem Jahr 2000 macht Lust auf eigene Aussteiger-Abenteuer in Thailand. Allerdings musste die Maya Bay, wo der Film gedreht wurde, musste wegen vom Film ausgelöstem Overtourism gesperrt werden. Der Film «The Impossible» verarbeitet die Tsunami-Katastrophe vom Dezember 2004, der die touristisch erschlossene Küste an der Andamanensee mit bekannten Ferieninseln wie Kho Phi Phi erfasste.

BUCH

Wer der französischen Sprache mächtig ist, liest «Un roi en Suisse» von Olivier Grivat, das die Jugendjahre des thailändischen Königs in der Schweiz nachzeichnet.
Im autobiographischen Buch «Anna und der König» wird die Geschichte einer britischen Lehrerin erzählt, welche von 1862 bis 1867 am Hof des Königs von Siam Englisch unterrichtete für 50 (!) der 82 (!!) Kinder des damaligen Königs.
Das Buch wurde mehrmals verfilmt und diente auch als Basis für ein Musical.

MUSIK

Natürlich muss «One night in Bangkok» von Murray Head erwähnt werden. Doch für typisch thailändische Musik suche man nach einem Auftritt einer «Khrueang sai» genannten Orchesterformation - für ungeübte Ohren tönt das ähnlich wie das «Thai Elephant Orchestra».

Trwc khn k̄hêā meụ̄xng

Abstempeln bei:
Transhelvetica,
Bahnhof Letten.

Epilog

Am Ufer der Limmat blättern wir am Tag nach der Rückkehr durch unser Reisetagebuch. Passepartout ist nicht weniger als 2000 Kilometer rund um die Welt gefahren. Phileas Fogg dankt und zieht ehrfürchtig seinen Zylinder. Und sonst? «Weisst du noch», sagt Passepartout, «die Petite Boulangerie, am Rand von Charmoille? Dieser wunderbare Ort? Mit der Bäckerin mit den glänzenden Augen und dem herrlichen Brot? Den haben wir nur entdeckt, weil wir uns verfahren haben.» – «Stimmt. Verfahren ist wunderbar.» Passepartout reisst den Feldstecher hoch. «Eisvogel!» – «Ach übrigens, wie viele Vögel waren es?» – «Mit dem hier 94», sagt sie, leicht enttäuscht. «94! Krass!» – «Aber eben nicht ganz hundert.» – «Ach komm, locker hundert, mit all den Flamingos, Papageien und Dinosauriern!» Sie lächelt. «Und noch was, Passepartout, verrätst du mir jetzt, was auf dem Zettel stand, in der Flaschenpost?» Sie hält ihren Mund ganz nah an mein Ohr und flüstert: «Um an die Quelle zu kommen, muss man gegen den Strom schwimmen!» Dem habe ich nichts mehr hinzuzufügen. Wir packen unsere sieben Sachen, setzen das Kanu in die Limmat, steigen hinein und paddeln flussabwärts in Richtung Sonnenuntergang davon.

ENDE.

Die Autoren haben auf ihrer Weltreise unterschiedliche Transportmittel genutzt.

Bild Anna Sa[illegible]letti

Autoren

Ralf Schlatter alias Phileas Fogg

Leben können von der eigenen Fantasie findet Ralf Schlatter am schönsten. Er tut es seit zwanzig Jahren, schreibt Romane, erzählt «Morgengeschichten» fürs Schweizer Radio und tritt im preisgekrönten Duo «schön&gut» auf, mit poetischem und politischem Kabarett. Am meisten beeindruckt an der Reise um die Welt haben ihn die Menschen, die da, wo sie leben, etwas Sinnvolles tun, und ein Satz im Schaufenster eines Ladens in Romainmôtier: «Le terroir avant tout.»

Ruth Grünenfelder alias Passepartout

Als Tänzerin lange auf der Bühne unterwegs, tanzt Ruth Grünenfelder als Natur- und Kulturvermittlerin jetzt auf anderen Hochzeiten, am liebsten auf der der Vögel: «Gimpel» heisst ihr Nest, sie bietet Vogel-Exkursionen an, Rituale, Workshops für Stimme und Bewegung. Staunend durch die Welt gehen und sich verbinden mit allen Wesen rundum. Daneben gibt sie als Umweltlehrerin Kindern weiter, wie wertvoll es ist, unseren Lebensraum zu schützen. Auch den Vögeln zuliebe.

Transhelvetica

Die Kunst des Reisens

Das Schweizer Reisemagazin berichtet sechsmal jährlich von aussergewöhnlichen Orten in der Schweiz, erzählt deren Geschichten und liefert konkrete Tipps für eigene Abenteuer. Weitere Infos und der Webshop finden sich unter transhelvetica.ch.

Für weitere Kopfreisen durch die Schweiz, finden sich im Webshop auch die bisher erschienenen «Länderausgaben» von Transhelvetica zu fremden Kulturen in der Schweiz:

Indien
Dezember 2011

Russland
Dezember 2012

Japan
Dezember 2013

Amerika
Dezember 2014

Schweden
Juni 2017

Mexiko
August 2018

England
April 2019

Marokko
August 2021

Impressum

Vorlage für dieses Buch ist das Magazin
TRANSHELVETICA – DIE KUNST DES REISENS
#59 – «In 80 Seiten um die Welt»

1. Auflage
Mai 2021

ISBN
978-3-907345-00-9

Phileas Fogg & Passepartout
Ralf Schlatter (ralfschlatter.ch)
Ruth Grünenfelder (gimpel.ch)

Redaktion
Jon Bollmann
Pia Bollmann
Sabeth Bollmann
Stephanie Elmer
Seraina Fels
Michèle Fröhlich
Anna Herbst
Martin Hoch
Laura Meier
Sarina Strebel
Claudia Walder
Claudius Wirz

Text
Sabina Diethelm
Barbara Liebster
Erika Schumacher

Illustration
Cartøgraphik (cartographik.com)
Fabian Leuenberger (fabianleuenberger.com)

Layout
Fabian Leuenberger

Herausgeber
Transhelvetica – Die Kunst des Reisens (transhelvetica.ch)
Passaport AG (passaport.ch)

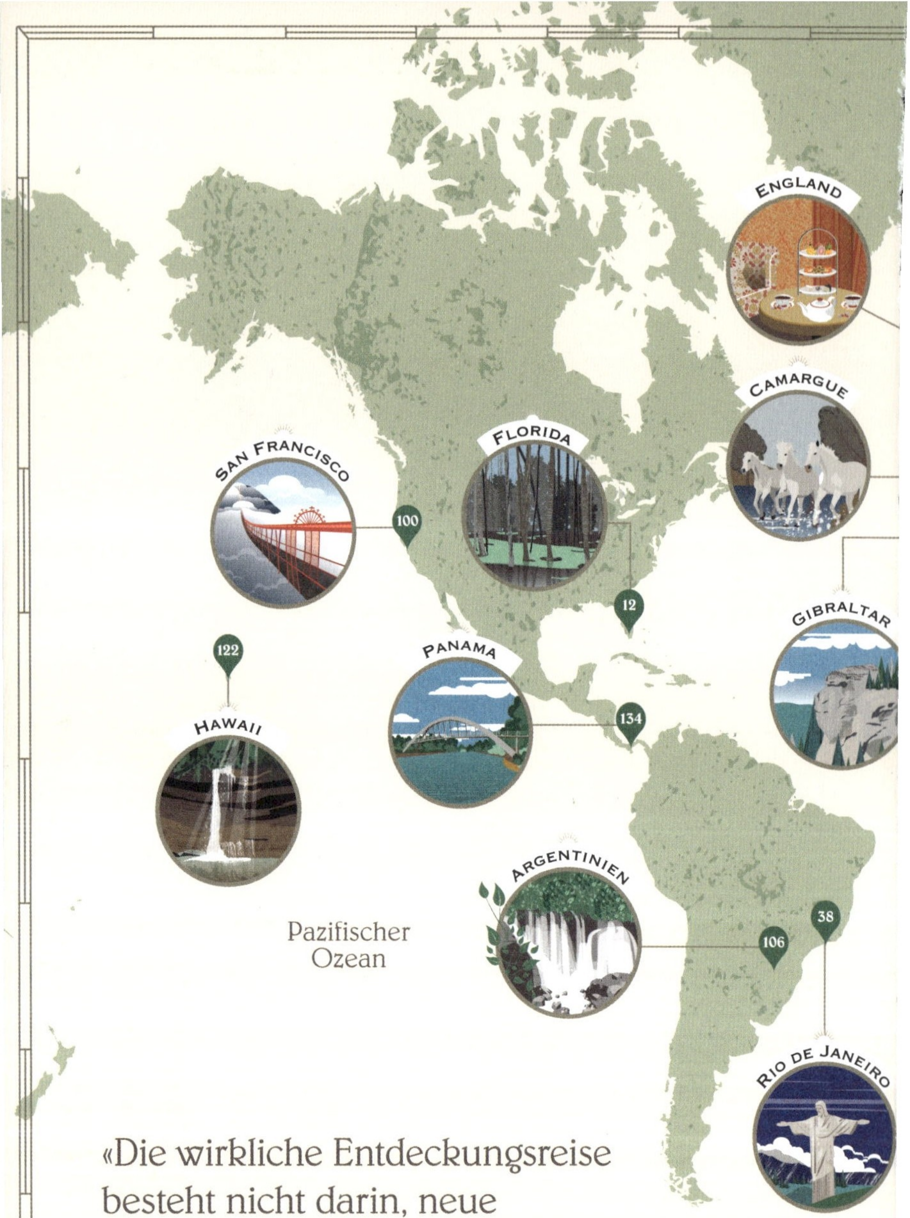

«Die wirkliche Entdeckungsreise besteht nicht darin, neue Landschaften zu erforschen, sondern darin, altes mit neuen Augen zu sehen!»

Marcel Proust